MORAL REVOLUTION

WIDMUNG

Dieses Buch ist all denen gewidmet, die in ihrem Kampf für ihre eigene Reinheit gefallen sind und jetzt für ihre Wiederherstellung kämpfen.

Impressum

Copyright © 2010 by Kris Vallotton and Jason Vallotton
Originally published in English under the title:
„Moral Revolution"
published by DESTINY IMAGE® PUBLISHERS, INC.
P.O. Box 310, Shippensburg, PA 17257-0310
All rights reserved

Deutsche Ausgabe:
© 2013 Grain-Press Verlag GmbH
Marienburger Str. 3
71665 Vaihingen/Enz
eMail: verlag@grain-press.de
Internet: www.grain-press.de

6. Auflage 2021

Übersetzung aus dem Englischen:
Übersetzung Jutta Dausch
Lektorat Sara Scharrer
Satz: Grain-Press
Cover: Grain-Press, Adaption der Originalvorlage.
Druck: CPI

Bibelzitate sind, falls nicht anders angegeben, der Luther Bibel 1984 entnommen.

Das Buch folgt den Regeln der Deutschen Rechtschreibreform. Die Bibelzitate wurden diesen Rechtschreibregeln angepasst.

ISBN 978-3-940538-123
(Amerikanische Originalausgabe: ISBN 978-0-7684-3863-5)

DIE NACKTE WAHRHEIT ÜBER SEXUELLE REINHEIT

KRIS UND JASON VALLOTTON

DANKSAGUNGEN

Von Kris Vallotton

Kathy – du bist die Frau meiner Träume!

Großvater Bernal – du lehrtest mich, dass ich auch in den dunklen Tagen meiner Kindheit liebenswert war. Ich werde dir dies nie vergessen.

Mama – danke für deine Liebe, und dass du immer an mich geglaubt hast.

Bill Derryberry – dein Leben ist eine Inspiration für mich. Deine Liebe hat mich wiederhergestellt.

Danny, Dann, Charlie, Steve, Banning, und Paul – ihr habt mir geholfen, meinem Leben, meinen Ideen und meiner Bestimmung Form zu geben. Danke.

Allison und Carol – danke für all die Stunden, die ihr in diese Arbeit investiert habt.

Bethel Team – Wow! Ihr seid einfach gigantisch! Es ist ein Privileg, mit euch allen Gott zu dienen.

Bill und Beni – es war immer eine Freude mit euch zu dienen all diese Jahre. Ich liebe euch von Herzen.

Earl – obwohl du heimgegangen bist, lebst du in mir weiter. Danke, dass du mich adoptiert hast. Ich werde dir dafür immer dankbar sein.

EMPFEHLUNGEN

Ich liebe dieses Buch und es hat mir eine neue Sicht über Reinheit gegeben. Du kannst dir nicht vorstellen wie sehr mir dieses Buch in meinem Kampf, ein reines Leben zu führen, geholfen hat. Dieses Buch ist echt.

Ahmad (Real) Givens
VH-1 Moderator der Reality Show
„Real Chance of Love 2"

Oftmals stellen Christen Sex und Sexualität als etwas Schlechtes dar und behaupten, dass Gott irgendwie dagegen ist. Häufig benutzen sie dabei Faktoren wie Angst und eine „verstecke es bis zur Hochzeit" Mentalität. Die Kirche hat tatsächlich Sex als notwendiges Übel zur Fortpflanzung bezeichnet. Diese Tatsache könnte nicht weiter entfernt sein von der Wahrheit oder dem Herzen Gottes. In seinem Buch „Moral Revolution" redet Kris über Leidenschaft und dass Sex ein kostbares Geschenk ist. Er erinnert uns daran, was es bedeutet, wahre Liebe zu schenken, und sich auf sexuelle Intimität zu freuen. Ganz offen spricht Kris das

Thema Sex an. Er betont, dass das Dilemma, einen Sexualtrieb zu haben, bevor man Sex haben sollte, den Menschen die Gelegenheit gibt, etwas zu bewahren, wofür sie kämpfen mussten. Etwas Wertvolles. Etwas, das sich lohnt. Er schreibt in einer Weise, welche in uns allen die romantische Seite weckt und uns gleichzeitig dazu auffordert, uns diese starke Leidenschaft zu eigen zu machen und er tut dies auf eine Art, die tatsächlich eine neue Revolution in Gang setzen kann. Es ist eine Revolution, die Menschen von Ausbeutung und dem Mythos „alles ist erlaubt" befreit, und sie kann uns vor unnötigen Schmerzen und Verletzungen bewahren.

Kris zeigt, wie man von einer gesetzlichen Sichtweise frei werden kann, die unseren liebenden Gott als unterdrückenden Spielverderber darstellt, ebenso von der Mentalität des verklemmten religiösen Pharisäers. Er gibt denen Hoffnung, die für ihren Lebenspartner in der Hochzeitsnacht ein Geschenk bewahren möchten. Dieses Buch gibt auch denen Hoffnung, die voller Schuld und Scham sind. Wir sprechen über wahre Freiheit. Wenn Christus dich frei macht, bist du wirklich frei.

Als Vater von fünf Kindern möchte ich für meine Kinder in jedem Bereich ihres Lebens das Beste. Deswegen empfehle ich nicht nur dieses Buch, sondern werde jedem meiner Kinder ein Exemplar davon geben.

Bob Lenz
Internationaler Redner
Autor des Buches: Grace- For those who think they don't Measure up

Als Senior Pastor einer Gemeinde in Hollywood, Kalifornien, muss ich sagen: dieses Buch hätte zu keinem besseren Zeitpunkt erscheinen können! Ich möchte mich für dieses neue Buch über Reinheit von Kris Vallotton einsetzen. Für mich ist es das beste Buch über dieses Thema, das ich je gelesen habe. Es ist so real und organisch und wirft den alten Weinschlauch der Gesetzlichkeit ab, welchem schon viele andere Bücher erlegen sind. Stattdessen redet es Klartext und ist gut verständlich. Es ist nicht nur ein aufschlussreiches Buch, sondern vermittelt Glauben von Anfang bis Ende (besonders im letzten Kapitel), was bei einem Buch über dieses Thema so selten ist.

Shawn Bolz
Senior Pastor, Expression 58
Buchautor: Keys to Heaven's Economy
und The ThroneRoomCompany

Moral Revolution ist ein wichtiges Buch für Jugendliche, Eltern und geistliche Leiter und könnte für kommende Generationen ein Standardwerk werden. Es gibt wahre Antworten über die sexuelle Revolution der letzten beiden Generationen. Kris Vallotton, ein Autor und großer Geschichtenerzähler, erzählt spannend und bringt biblische Wahrheiten mit berührenden Beispielen aus dem wahren Leben zusammen. Ich ermutige dich, dieses Buch zu lesen, und Teil von Gottes Gegen-Revolution zu werden.

Loren Cunningham
Gründer, Jugend mit einer Mission (JMEM)

Ich liebe Kris Vallotton. Er hat meiner Familie auf sehr bemerkenswerter Weise geholfen. Er ist ein glücklicher Prophet. Dieses höchst explosive Thema behandelt er auf eine wunderbar ehrliche und sehr treffende Art und Weise. Moral Revolution hat mich bereits dazu bewegt, mich mehr mit dem Leben meiner Kinder zu beschäftigen, um sie durch die Landminen unserer sexuell belasteten Kultur zu führen. Möge Gott viele Väter wie Kris erwecken, welche eine Generation hervorrufen, die Gott und Reinheit liebt und darauf wartet, sich innerhalb der Ehe sexueller Erfüllung zu erfreuen.

Lou Engle
Präsident von „The Call"

MORAL REVOLUTION

Der Auftrag

Unser Auftrag besteht darin, eine moralische Revolution hervorzurufen, welche eine Kultur der Liebe, der Ehre und des Respekts für alle Generationen fördert, indem man Ressourcen bereitstellt, die unsere Gesellschaft ausrüsten und Ganzheitlichkeit schenken.

Moral Revolution ist eine Organisation von leidenschaftlichen, radikal liebenden Menschen, welche, ebenso wie Dr. Martin Luther King, davon träumen ein Katalysator für eine weltweite Bewegung zu sein. Unser Wunsch ist es, dass diese Bewegung die Art und Weise verändert, wie die Welt Sexualität sieht, die ungeborenes Leben schützt, Familien fördert, die Generationen wertschätzt und alle

Menschen ehrt, unabhängig von ihrer Zugehörigkeit oder Überzeugung. Unser Auftrag ist es, die Auslöser und Wurzeln für moralischen Verfall, der die Grundlagen unserer Gesellschaft zerstören will, aufzudecken.

Wir haben uns unter dem Banner der wahren Liebe vereinigt, um wirksame Antworten für diese Kernfragen zu entwickeln, und nicht nur symptomatische Heilmittel. Es ist unsere Überzeugung, dass eine gesunde Gesellschaft vor allem durch positive, intelligente und unvoreingenommene Lehre und ehrliche, transparente Kommunikation geschaffen wird, anstatt durch Angst, Strafe und Regeln. Wir glauben, dass wenn Menschen bedingungslos geliebt, gleich behandelt und gut ausgebildet sind, sie sich richtig verhalten werden.

Warum schließt du dich uns nicht an – zusammen werden wir Geschichte schreiben.

INHALTSÜBERSICHT

VORWORT

Alle Bücher von Kris Vallotton sind wichtig und tiefgründig. Aber Moral Revolution ist ein Buch von Kris, auf das ich gewartet habe. Ich sah wie seine Überzeugungen im Hochofen des Dienstes geformt wurden, wo zerbrochene Menschen heil wurden und junge Menschen mit Freude ihre göttliche Bestimmung annahmen. Reinheit im biblischen Sinn sollte nie zu einer Bestrafung für diejenigen, die Gott dienen, werden. Stattdessen ist sie ein weiterer Schlüssel zu vollkommener Freiheit, denn die Wahrheit macht frei. Obwohl viele dieser Wahrheit glaubten, haben es nur wenige geschafft, es deutlich auszusprechen. Aber Kris tut es. Dadurch half er einer ganzen Generation von jungen Menschen, die Schönheit ihrer Sexualität zu entdecken, ohne dabei einen Kompromiss in Bezug auf ihre

Bestimmung einzugehen. Auch hat er ihnen geholfen, Entscheidungen zu fällen, und dabei das große Bild im Blick zu haben. Dies ist eine ganz schöne Leistung, wenn man bedenkt, dass junge Menschen nicht dafür bekannt sind, an morgen zu denken.

Bücher, bei denen es um Heiligkeit geht, sind oftmals hart und fordernd. Dieses nicht. Es ist mitfühlend und fesselnd. Auf diesen Seiten erhält Reinheit einen Zweck und einen Anreiz und gibt jedem Leser die Chance, darin die Güte Gottes zu sehen. Er hat uns als Mann und Frau geschaffen und Gott nannte es gut.

Wenn du auf der Suche nach einem Buch über „Dating" bist, oder einfach Tipps suchst, wie du einen Partner finden kannst, schau woanders nach. Es ist nicht so, dass Moral Revolution nicht helfen könnte. Es ist nur so, dass dieses Buch viel fokussierter ist. Moral Revolution ist ein Aufruf zum Krieg: nicht zu einem Krieg der Worte, Protestbanner und Bittschriften, sondern zu einem Krieg gegen Gedanken, die unsere Kultur und Werte formen. Es ist ein Fanfarenstoß für alle, die ein Herz für die Wahrheit haben, und an die Spitze dieser Revolution für Reinheit treten möchten. Es ist an der Zeit, aus Ignoranz in Richtung Einsicht zu treten, von Scham hin zu dem Ruf nach Reinheit und Kühnheit aufzubringen, inmitten kulturellem Widerstand standhaft zu bleiben. Dies ist der Weg, wie wir Territorium, das verloren ging während die Gemeinde schlief, beanspruchen zu können.

Es gibt genug Feuer Gottes auf den Seiten dieses Buches, um das Herz einer ganzen Generation zu entfachen und sie von dem Missbrauch einer gescheiterten sexuellen Revolution zu heilen. Die „Reinen" werden gelehrt, wie und warum sie auf diesem Weg bleiben können, während den Zerbrochenen Heilung und Wiederherstellung gebracht wird. Gott ist der Gott der zweiten Chance.

In seinem klassischen Stil nimmt Kris kein Blatt vor den Mund. Seine Ehrlichkeit ist brutal. Seine Geschichten sind wahr. Und die Frucht zeitlos. Moral Revolution hat die Zutaten, die benötigt werden, um eine nationale Veränderung in unserer Sichtweise über Sexualität und wahrer Freiheit anzutreiben.

Bill Johnson

Senior Pastor, Bethel Church, Redding, Kalifornien
Autor von "Und der Himmel bricht herein" & "Gottes Angesicht sehen"

EINFÜHRUNG

Die Revolution

Ursprünglich veröffentlichte ich dieses Buch unter dem Titel "Purity, the New Moral Revolution" (dt. Reinheit, die neue moralische Revolution). Ich habe später den Titel in „Sexuelle Revolution" verändert, um eine radikalere Zuhörerschaft zu erreichen. Das Buch hat so viel Aufsehen erregt, dass ich hunderte von Emails bekam, in denen man mich fragte, wie man dieser Revolution beitreten kann. Ich war über die Antworten so überrascht, dass ich mich entschied, eine Organisation mit dem Namen „Moral Revolution" zu gründen. Ziel dieser gemeinnützigen Organisation ist es, eine andere sexuelle Revolution zu erwecken (siehe auch „Der Auftrag" zu Beginn dieses Buches).

Die Geburt dieser Organisation hat bewirkt, dass dieses Buch eine zusätzliche Rolle übernommen hat, nämlich die der Definition unserer Bewegung. Das Buch wurde zum Flaggschiff der Revolution, was uns dazu bewegte, den Namen des Buches in Moral Revolution umzuändern, um einen Zusammenhang zwischen dem Buch und der Organisation zu schaffen. Es gab auch verschiedene Fragen, welche ich nicht im ursprünglichen Manuskript beantwortete: Wie finde ich einen Partner? Wie führe ich eine Beziehung? Und weitere Themen zur Sexualität. Ich bat meinen Sohn Jason Vallotton, der Single ist, und bereits Bücher veröffentlicht hat, Co-Autor dieses Buches zu werden. Er fügte dem Buch viel Weisheit und Einsicht hinzu und schrieb Kapitel 5 selbst. Wenn du „Sexuelle Revolution" gelesen hast, wirst du diese neue Version sogar noch hilfreicher, inspirierender und aufschlussreicher empfinden.

Wie alles begann

Im Jahre 1987 wurde ich vom Trinity County Probation Department gefragt, ob ich eine Jugendgruppe mit Jugendlichen auf Bewährung leiten würde. Ich sollte mich drei Monate lang zwei mal wöchentlich mit ihnen treffen, während die Bewährungsstelle mit ihren Eltern arbeitete.

Ich stellte fest, dass ich mit diesen Jugendlichen komplett überfordert war. An diesem ersten Abend waren alle 37 Schüler der High School bei mir und sie spielten mehr als zwei Stunden Volleyball oder Basketball während ich sie beaufsichtigte. Ich habe an diesem Abend fünf verschiedene Kämpfe unterbrochen. Ich stellte auch fest, dass diese Jugendlichen keinerlei Moralvorstellungen hatten. Niemand hatte je irgendeine Grundlage in ihrem Leben gelegt, wie man mit dem anderen Geschlecht umgeht. Es war ein aufreibender und beängstigender Anfang.

Schließlich kam die Halbzeit. Ich ließ alle Jugendliche auf die Metallbänke in der alten Turnhalle setzen. Als sie so dasaßen, ungeduldig und unruhig, auf den Beginn der der 2. Halbzeit wartend, erzählte ich ihnen die Geschichte des Ringes (die ich im ersten Kapitel erzähle), die mir der Herr auf dem Weg zur Turnhalle an diesem Abend gegeben hatte. Ich war so nervös, dass ich kaum sprechen konnte, aber während ich die Geschichte erzählte, verflog langsam ihre Ungeduld und verletzte und hungrige Herzen kamen zum Vorschein.

Niemand hätte je ahnen können, dass sich diese jungen Menschen nach der Wahrheit über ihre Sexualität verzehrten. Äußerlich waren sie hart und grob. Während sie Basketball spielten, griffen sie sich gegenseitig in den Schritt und betitelten sich gegenseitig mit den übelsten Worten, die du dir vorstellen kannst. Aber als ich die Geschichte erzählte, fingen *alle* an zu weinen. Zuerst waren sie beschämt und versuchten, ihre Tränen zu verbergen, aber als ich weitererzählte, heulten viele von ihnen hemmungslos. Ich war von ihrer Reaktion so bewegt. Als ich mit der Geschichte fertig war, saßen wir alle da und schwiegen. Jeder von uns konnte eine Form übernatürlicher Ehrfurcht spüren. Ein heiliges Schweigen ruhte auf uns wie eine unsichtbare Decke.

Ich wusste nicht, was ich tun sollte. Schließlich war dies nicht ein christliches Event. Ich arbeitete mit unserer Kommune zusammen, damit die Zerbrochenen in unserem Bezirk wiederhergestellt werden. Mehrere Minuten vergin-

gen. Die Jugendlichen beugten überführt ihre Köpfe und ihre Tränen fielen auf den Zementboden unter ihnen. Nach dieser Nacht wusste ich, dass keiner von uns je wieder der Selbe sein würde. Schließlich diente ich diesen Jugendlichen zweimal die Woche, fünf Jahre lang. Die Gruppe wuchs auf mehr als Einhundert und diese Szene auf den Parkbänken wiederholte sich immer wieder.

Im Laufe der Jahre habe ich festgestellt, dass nicht nur zerbrochene Jugendliche auf Bewährung es nötig haben, ihre Sexualität zu verstehen. Der gesamte Planet schreit nach einer sexuellen Revolution! Väter, Mütter, Jugendliche und Großväter bzw. Großmütter, die sich danach sehen, den Schlamm der Perversion und die religiöse Gebundenheit los zu werden, und in die Freude leidenschaftlicher Reinheit hineinzukommen. Während es scheint, dass die Welt in einer ewigen Orgie lebt und auf der anderen Seite, Religion die Massen in sexuelle Gefängnisse verbannt, hungert die Welt nach der Wahrheit über Sex.

Dieses Buch wurde nicht geschrieben, um nur eine andere Schrift über Beziehungen zu sein, es ist ein Katalysator für eine sexuelle Reformation. Wir möchten die Wurzeln von sexueller Perversion aufdecken und religiöse Pharisäer entlarven, welche die Leidenschaft wahrer sexueller Reinheit gestohlen haben. Unser Gebet ist es, das „Moral Revolution" den Planeten „rockt" und die sexuellen Denkmuster unserer Zeit erneuert.

KAPITEL 1

Der Ring

Johnnys Wecker klingelte früh an seinem ersten High School Tag. Übernächtigt starrte er auf die Uhrzeit und seufzte. Der Sommer 1967 war offiziell vorbei. Als er sich auf den zwei Meilen langen Weg zur neuen High School machte, war sein Kopf voll mit Fragen, und Unsicherheit füllte sein Herz. Er fragte sich, wie man ihn aufnehmen würde: An der Junior High war er in der letzten Klasse einer der ältesten Schüler gewesen. Jetzt, an der High School, würde er zu den Jüngsten gehören. Würde man ihn mögen? Würden die älteren Jugendlichen ihn hänseln und sich lustig machen?

Als er am Juweliergeschäft an der Ecke Destiny und Second Street vorbeilief, wurde er abrupt in seinen Gedanken unterbrochen und seine Augen wurden von einem Sonnenstrahl beinahe geblendet, der etwas hinter dem Fenster funkeln ließ. Er hielt an, um es sich genauer anzusehen. Das Funkeln kam von einem Ring in der Vitrine. Es war nichts, was ihn interessierte, schließlich war er erst 14 Jahre alt. Aber das Funkeln des Ringes brannte ein Bild in seine Augen und ließ ihn tatsächlich seine Ängste für ein paar Sekunden vergessen.

Er kam zur Schule, gerade als die Morgenglocke läutete. Ängstlich betrat er den Klassenraum, ließ den Kopf hängen und schaute sich nach einem Stuhl weit hinten um. Im Laufe des Tages war er dankbar, alle seine alten Freunde aus der Junior High zu sehen, und stellte fest, dass sie genauso nervös waren, wie er.

Als er schließlich an diesem Nachmittag nach Hause kam, wartete seine Mutter schon auf der Veranda auf ihn, um zu hören, wie sein erster Tag gewesen war.

„Ich habe überlebt", sagte er. „Ich hoffe nur, dass es morgen besser wird".

„Das wird es", sagte sie lächelnd.

Aber am nächsten Morgen war er noch gestresster, als er aufwachte und sah, dass er verschlafen hatte. In Panik sprang er aus dem Bett und machte sich in aller Eile fertig. Am Tag zuvor hatte er es nur mit Mühe pünktlich zur High School geschafft, obwohl er sich früh auf den Weg gemacht hatte. Am zweiten Schultag zu spät zu kommen ist keine Option, dachte er. Jeder würde ihn anstarren und er am liebsten sterben. Er eilte zur Tür hinaus und rief „Tschüss!", während die Tür hinter ihm zuknallte, rannte bis zur ersten Kreuzung, und wechselte dann in einen flotten Gang.

Als er die Destiny Lane entlangkam, blendete ihn für einen Moment wieder der Ring im Juweliergeschäft, aber er war spät dran und hatte keine Zeit anzuhalten und nach-zuschauen. Aber seltsamerweise stellte er fest, dass während der Ring langsam aus seinem Blickfeld verschwand, dessen Bild in seinem Gedächtnis blieb. Wie seltsam, dachte er. Es ist wie ein Lied, das man nicht mehr aus seinem Kopf bekommt. Die Glocke läutete, gerade als die Schule in Sichtweite kam. Johnny rannte die letzten paar Meter und betrat völlig außer Atem den Klassenraum. Glücklicherwei-se kamen gleich nach ihm noch einige andere Schüler, so dass sein Zuspätkommen nicht auffiel. Wieder einmal stellte Johnny fest, dass er nicht der Einzige war, der sich an die High School gewöhnen musste. Als er sich hinsetzte, sah er, wie einer seiner Freunde ihn angrinste, und er fühlte sich gleich besser. Scheinbar würde trotz allem auch Tag zwei okay werden.

Einige Monate vergingen und die Blätter begannen von den Bäumen zu fallen, während der Sommer den Weg für den Herbst frei machte. Die Vormittage waren jetzt kühler, während sich Johnny auf den Weg in die Schule machte. Seine Ängste nahmen ab, als er in eine Art Routine kam. Stattdessen wuchs seine Neugierde in Bezug auf den Ring im Schaufenster des Juweliergeschäftes, an dem er jeden Tag vorbei lief.

An einem Nachmittag, als er auf dem Weg nach Hause war, hielt er es nicht mehr aus. Er nahm all seinen Mut

zusammen und ging in das Geschäft. Als er sich im Verkaufsraum umsah, spürte er instinktiv, dass er da nicht hingehörte, und fühlte sich schon fast schuldig, eingetreten zu sein – ein Gefühl, das sich sofort verstärkte, als er einen älteren Herrn in einem Anzug hinter der Kasse sah, der ihn verächtlich anstarrte.

„Kann ich dir helfen, Junge?"

Johnny ging nervös auf ihn zu.

„Ich würde gerne dieses…dieses…dieses Ding sehen… ich meine diesen Ring in ihrem Schaufenster."

„Welchen Ring meinst du, Kleiner?", fragte der alte Verkäufer herablassend.

Johnny spürte, wie Schweiß auf seine Stirn trat, aber er deutete mutig auf den Ring. „Diesen hier."

„Das ist ein Hochzeitsring für eine Frau", sagte der Mann ungläubig. „Was willst du damit, Junge?"

„Ich möchte ihn mir nur anschauen", quietschte Johnny.

„Gut… in Ordnung", sagte er, während er die Sicherheitsscheibe aufschloss, und etwas wie „Kinder" vor sich hin murmelte.

Da war er endlich, funkelnd wie ein Stern im Dunkel der Nacht unter den Lichtern des Schaufensters. Er schien mit einem Glanz zu leuchten, der seine Bewunderer dazu verleitete, ihn sich genauer und näher anzusehen. Johnny schaute tief in den Diamanten und plötzlich erschien ein Bild… da war sie… die Frau seiner Träume! Sie schien aus dem Ring hervorzugehen wie der Flaschengeist aus der Flasche. Johnny blinzelte ungläubig. Er fühlte sich plötzlich so lebendig, jede Zelle in seinem Körper vibrierte vor Aufregung. Er war wie hypnotisiert. Sie war schöner, als er es sich je hätte vorstellen können, oder stellte er sie sich gerade vor? Es war alles so verwirrend, denn sie schien so real. Er fühlte sich, als könne er sich ausstrecken und sie berühren und er tat es auch unbewusst, indem er sich tatsächlich nach dem Ring in der Hand des Verkäufers ausstreckte.

„Was fällt dir ein?", rief der Verkäufer, und zog seine Hand zurück.

„Ich... ich... habe versucht... ich wollte nicht... ich hoffte nur...", stammelte Johnny, und fühlte sich, als würde er plötzlich aus einem Traum aufwachen. Immer noch überwältigt von Emotionen, fühlte er sich gegenüber dem Verkäufer so beschämt, dass er sich umdrehte und aus dem Geschäft rannte - den ganzen Weg bis nach Hause in sein Schlafzimmer.

Als er rannte, strafte er sich mit jedem Gedanken, ärgerlich darüber, dass er sich durch so etwas Unwahrscheinliches so verletzbar gemacht hatte. *Was bin ich für ein Idiot! Was hab ich nur mit einem Hochzeitsring für eine Frau gemacht? Was dachte ich mir nur dabei? Was, wenn einer meiner Freunde gesehen hat, dass ich aus dem Geschäft rannte? Johnny, du bist so dumm!* Aber trotz allem, was er dachte, blieb das Bild von der Frau seiner Träume in seinem Kopf. Irgendetwas sagte ihm, dass er irgendwie diesen Ring haben musste.

Nach dieser Erfahrung wechselte Johnny mehrere Monate lang die Straßenseite, wenn er am Juweliergeschäft vorbei kam, damit der Verkäufer ihn nicht sehen konnte. Aber sogar aus dieser Entfernung erschien der Ring ihm sehr verlockend und er begann, einen weiteren Besuch

dorthin zu planen. Er bemerkte, dass freitagnachmittags an Stelle des alten Verkäufers eine Frau mittleren Alters hinter dem Ladentisch stand, und sie schien freundlich zu sein. So kam es also, dass Johnny an einem kalten Freitagnachmittag im Januar das Juweliergeschäft betrat. Der Wind fegte durch die leeren Straßen und Johnny war von eisigem Regen bis auf die Haut durchnässt, als der die Tür aufdrückte und sich ins Warme flüchtete. Zitternd stand er da und wusste nicht, ob er fror oder einfach nur nervös war. Er fühlte sich besser, als die Frau ihn mit einem warmen Lächeln begrüßte.

„Hallo", sagte sie. „Kann ich Ihnen helfen, Mister?"

Sie schien es ernst zu meinen und sie nannte ihn „Mister"… Als ob er ein richtiger Kunde wäre. „Ähm, ja… ja, das können Sie", sagte er mit seiner tiefsten Stimme. „Ich würde mir gerne den Ring in Ihrem Schaufenster ansehen – den goldenen mit dem großen Diamanten. Er ist gleich da drüben", und er deutete darauf.

Sie hob ihre Augenbrauen. „Sie haben einen guten Geschmack. Sie muss ein nettes Mädchen sein."

„Mädchen, welches Mädchen?"

„Nun, ich nehme an, dass Sie diesen Ring jemand Besonderem geben möchten."

„Ja! Natürlich!" Er hielte inne. „Ich habe sie nur noch nicht getroffen", gab er zu.

„Sie möchten wirklich einen 10.000 Dollar Ring für ein Blind Date ausgeben?"

Er war fassungslos. 10.000 Dollar! Heilige Scheiße, dachte er, und versuchte, es sich nicht anmerken zu lassen.

„Nein! Nein, es ist kein Blind Date. Nein! Was ich meine ist, dass ich nur noch nicht mit ihr gesprochen habe", platzte er heraus.

Mittlerweile hielt die Verkäuferin den Ring unter die Lichter des Verkaufsraumes. Er sah großartiger aus, als er es in Erinnerung hatte. Im Glanz des Diamanten verschwand seine Scham.

„Kann ich ihn mal halten?", fragte er.

Sie zögerte: „Ich fürchte, dass mein Chef mich wahrscheinlich entlassen wird, wenn ich Ihnen den Ring in die Hand gebe, junger Mann."

„Ich bin ein Käufer, nicht nur ein Betrachter. Wenn er mir gefällt, will ich ihn auch kaufen!" sagte Johnny und versuchte, dabei professionell zu klingen.

Die Dame wurde für eine Weile, die ihm wie eine Ewigkeit vorkam, ganz still, während ihre Blicke den ganzen Verkaufsraum durchstreiften. Johnny dachte, dass sie sichergehen wollte, dass der alte Mann nicht da war. Schließlich sagte sie nervös: „Na gut, Sie dürfen ihn für einen Moment halten."

Johnny nahm den Ring vorsichtig in seine Hand und betrachtete den Diamanten. Und wieder erschien ihm das Bild, das er zuvor schon gesehen hatte, die Frau seiner Träume. Es schien so, als ob sie im Nebel tanzte. Es war so, als ob er sie lebendig vor sich sah. Ihre Haut war dunkel und sehr schön und eine unsichtbare Brise bewegte sanft ihr langes, schwarzes Haar und ihr langes, blaues Kleid. Sie sah ihn direkt an, mit den schönsten grünen Augen, die er je gesehen hatte. Sie war atemberaubend. Das Merkwür-

digste war, dass Johnny den starken Eindruck hatte, er hätte sie schon einmal gesehen. Es schien ihm, als durchdränge ihr Blick seine Seele. Es war so, als ob sie ihn kannte, ihm vertraute und ihn bewunderte. Er wunderte sich, wie so etwas sein konnte, bevor sie sich jemals getroffen hatten.

Seine Gedanken wurden durch ein Geräusch unterbrochen. Die Verkäuferin fragte nach dem Ring. Er wendete sich ihr zu und sagte: „Ich nehme ihn … ich muss ihn haben!"

„Soll ich ihn für Sie einpacken?", fragte sie, um ihn zu provozieren.

„Hmm…. Nein… ich muss ihn für eine Weile zurücklegen lassen", gestand er verlegen ein.

„Ok, wir brauchen eine 20 %-ige Anzahlung, um ihn für Sie zu reservieren", sagte sie und spielte das Spiel mit. „Das macht 2.002,80 Dollar."

Er gab sich sehr zuversichtlich, als er seine Geldbörse herausholte. Er öffnete sie und begutachtete den leeren Inhalt, ohne die Frau hineinschauen zu lassen und sagte:"Es wird eine Weile dauern, bis ich die komplette Anzahlung zusammenhabe."

„Vielleicht kann ich die erste Zahlung für Sie ein wenig reduziert bekommen", sagte sie. „Wie viel genau könnten Sie denn für diesen Ring anzahlen?"

„Hmm, … ich bin mir nicht sicher. Dazu muss ich erst einmal nach Hause gehen, um es herauszufinden."

„Ok, lassen Sie mich einfach wissen, was Sie machen können und ich sehe zu, was ich für Sie heraus handeln kann."

„Danke. Bis bald."

Was ihn von dieser Zeit an am meisten beschäftigte, war einen Job zu finden. Als er seinen Eltern erzählte, dass er anfangen wollte zu arbeiten, waren sie total erstaunt, da sie jahrelang darum kämpfen mussten, dass er nur den Rasen mähte. Er hatte sogar drei Mal absichtlich das Starterseil abgerissen, so dass er es nicht tun musste. Auch ihr Angebot, ihn dafür zu bezahlen, hatte ihn nicht dazu bewegen können. Aber jetzt war es anders. Es ging nicht ums Geld. Er sah die Frau seiner Träume.

Johnny merkte sehr schnell, dass es für einen 15 Jahre alten Jungen ohne Erfahrung gar nicht so einfach war, einen Job zu finden. Nach tagelangem Suchen wurde er schließlich bei einer Autoreinigungsfirma am Ende der Straße, in der er wohnte, angestellt. Er war außer sich vor Freude.

Johnnys Tagesablauf änderte sich dramatisch. Zur Schule gehen, nach Hause rennen, Klamotten wechseln und so schnell wie möglich zur Arbeit. Als er von der Arbeit zurückkam, machte er seine Hausaufgaben und ging spät ins Bett. Am nächsten Tag wachte er auf und machte es wieder so. So ging es tagein, tagaus. Dazu arbeitete er zusätzlich noch an jedem Wochenende. Sein Tagesplan war so vollgestopft, dass ihm keine Zeit mehr blieb für andere Aktivitäten, Sport, Tanzen oder Verabredungen mit Mädchen. Aber er sagte sich selbst, dass die Frau seiner Träume dieses Opfer wert war. Oft lag er nachts wach und stellte sich vor,

wie es wohl sein würde, wenn er ihr in der Hochzeitsnacht diesen Ring gab. Er würde mit ihr auf dem Bett sitzen, ihr sagen, dass sie ihre Augen schließen sollte, würde ihr den Ring vors Gesicht halten und sie dann bitten, ihre Augen zu öffnen. Er stellte sich das Staunen seiner Braut vor, und nur der Gedanke daran begeisterte ihn. Er konnte es kaum erwarten.

Seine Bekannten hörten nicht auf, nachzubohren, was die Ursache dieses Wandels war. Aber Johnny wusste, dass es keine Option war, es seinen Eltern oder sonst jemandem zu sagen. Wie sollte er ihnen auch erklären, dass er sich den Arsch abarbeitete, um einen Hochzeitsring zu kaufen, für ein Mädchen, das er selbst noch nicht kannte. Er wusste, wenn das herauskommen würde, würden sie ihn direkt zum Psychiater bringen und überhaupt kam es ihm ja eigentlich auch verrückt vor. Aber er war entschlossen, es durchzuziehen.

Es war ein Monat vergangen bis Johnny wieder zu dem Schmuckgeschäft zurückkehrte, dieses Mal mit 250 Dollar in der Tasche. Mit klopfendem Herzen und trockenem Mund betrat er das Geschäft und tat sich schwer, sich an das zu erinnern, was er wochenlang für diese Situation eingeübt hatte. Die Verkäuferin bediente gerade jemand anderes, aber sie erkannte ihn wieder und lächelte ihm zu. Die Sekunden, bis er endlich an der Reihe war, kamen ihm wie Stunden vor, und der Gedanke, dass der alte Mann aus seinem Büro kommen und ihn sehen würde, beunruhigte ihn. Schließlich wendete sich die Verkäuferin Johnny zu und er begann mit seiner Rede.

„Erinnern Sie sich, ich hatte letzten Monat mit Ihnen gesprochen? Ich habe eine Arbeit gefunden und kann jetzt 250 Dollar für den Ring anzahlen."

Er zog ein Bündel Geldscheine aus seiner Tasche heraus und hielt es ihr entgegen.

„Ich erinnere mich an Ihren Besuch", erwiderte sie. „Wir benötigen 20 Prozent für alles, was wir zurücklegen, aber ich habe da eine andere Idee, die ich Ihnen vorschlagen möchte. Wie wäre es denn, wenn Sie ein Kundenkreditkonto bei uns eröffnen würden und Sie wöchentliche Zahlungen vornehmen würden, bis der Ring bezahlt ist? Wir werden den Ring so lange für Sie auf die Seite legen, bis er bezahlt ist."

„Wow! Denken Sie wirklich.... Ich meine, könnten wir das wirklich so machen?"

„Ich bin mir ziemlich sicher, dass der Chef das genehmigen würde", sagte sie.

„Der Chef? ... Toll!" Das war nicht gerade ermutigend für ihn. Er begriff, dass der alte Mann, den er beim ersten Mal angetroffen hatte, der Chef war.

„Ich werde ihn fragen." Johnny war sehr angespannt und voller Furcht, als der Verkäufer durch die Tür kam und ihn grimmig anschaute.

„Hmm. Ich erinnere mich an dich. Ich weiß nicht, wie du es geschafft hast, Kathy davon zu überzeugen, dass du diesen Ring kaufen könntest. Aber ich bezweifle doch sehr, dass Du das kannst – oder dass du es solltest. Für ein Kind ist es abwegig, so etwas zu kaufen."

Er drehte sich um, um zu gehen.

Johnny wurde ärgerlich. „Sie haben mir nicht einmal eine Chance gegeben. Ich werde Ihnen beweisen, dass ich verantwortungsbewusst bin, und ich werde den Ring abbezahlen, bevor ich die High School beendet habe. Sie haben mein Wort, Sir ... Sir, Sie haben mein Wort!"

Der Mann hielt an, drehte sich zu der Verkäuferin um und warf ihr einen grimmigen Blick zu.

„Ich denke, Sie sollten ihm eine Chance geben", sagte sie.

Etwas genervt seufzte er „Gut! Aber Du bezahlst jede Woche, und wenn Du auch nur einmal nicht bezahlen kannst, ist der Deal geplatzt. Hast Du das verstanden? Und nicht nur das: Wir werden dann auch 30 Prozent des Preises als Bearbeitungsgebühr einbehalten."

„Ich hab's verstanden. Ich werde keine Bezahlung verpassen", versprach Johnny.

Der alte Mann ging zu seinem Büro, schüttelte seinen Kopf und murmelte vor sich hin. Die Verkäuferin wandte sich Johnny zu. „Es tut mir so leid, dass er Sie so behandelt hat. Ich arbeite seit Jahren für ihn und kenne ihn als einen harten Menschen, aber ich habe noch nie gesehen, dass er gegenüber jemandem so reagiert." Sie hatte schon Tränen in den Augen. „Sie sollten woanders hingehen und dort einen Ring kaufen. Das ist ein schlechtes Geldgeschäft. Sie könnten all das hart verdiente Geld verlieren, das Sie für diesen Ring aufs Spiel setzen. Das ist es nicht wert!"

„Ich will aber diesen Ring. Ich möchte keinen anderen Ring. Ich werde keine Zahlung verpassen. Ich verspreche Ihnen, dass ich das tun kann. Ich werde ihm zeigen, dass er falsch von mir denkt."

„Gut… alles klar, Johnny – darf ich dich denn Johnny nennen?"

„Ja klar. So heiß ich ja."

Lächelnd schüttelte sie seine Hand. „Du kannst mich Kathy nennen. Herzlichen Glückwunsch zu diesem Ring."

Kathy erstellte den Vertrag und Johnny unterzeichnete ihn. Der Deal war getätigt, und er verließ den Laden mit einem Siegesgefühl in seinem Herzen. Jetzt war alles, was er tun musste, 50 Dollar pro Woche zu verdienen.

Von diesem Zeitpunkt an schien es so, als ob alles, was Johnny tat, arbeiten war. Und als aus Wochen Monate und aus Monaten Jahre wurden, wurde es klar, dass ihn nichts abschrecken konnte. Er war ein „besessener" Mann. Er musste diesen Ring für die Frau seiner Träume bekommen!

Jeden Samstag auf dem Weg zur Arbeit ging er in das Schmuckgeschäft und machte seine Bezahlung. Der alte, grimmige Verkäufer traf ihn am Ladentisch, und Johnny freute sich schon darauf, dem Mann sein Geld zu geben. Jede Bezahlung war wie eine Kriegshandlung. Der Mann schaute ihn nur flüchtig an oder sagte etwas, während er den Beleg ausfüllte. Wenn Johnny darum bat, den Ring zu sehen – und das tat er jedes Mal – seufzte der Mann, so als ob es ihm schreckliche Umstände bereiten würde. Johnny durfte nie den Ring in seinen Händen halten. Aber als die Monate vergingen, brach das Eis des alten Mannes, und

an einem Samstag, nachdem Johnny zwei Jahre lang treu gezahlt hatte, konnte er den Wandel in seinem Herzen nicht mehr länger verbergen. Als Johnny in den Laden kam, war er ganz überrascht, dass der Verkäufer schon auf ihn wartete; den Ring hatte er schon auf den Ladentisch gelegt.

„Guten Morgen, Johnny", sagte er mit einem Lächeln im Gesicht.

„Auf dem Weg zur Arbeit, vermute ich." Er reichte ihm den Ring.

„Ich habe den Ring heute Morgen ein wenig mit der Reinigungslösung aufpoliert. Er ist mittlerweile ein bisschen verstaubt."

Völlig erstaunt darüber, dass er ihn sowohl beim Namen genannt als auch darüber, dass er ihm den Ring so bereitwillig gegeben hatte, starrte Johnny ihn einige Augenblicke an, bevor er „Dankeschön!" sagte. Er bewunderte den strahlenden Diamanten. „Er ist einzigartig und unglaublich schön!"

Johnny verließ den Laden mit einem Gefühl der Zufriedenheit. Er war nicht zu sehr von der Haltung des Verkäufers überrascht; er hatte über die Monate hinweg bemerkt, dass er immer weicher geworden war. Aber dieser Tag hatte bewiesen, dass Johnny gewonnen hatte. Ich hab ihn geschlagen, und das weiß er, dachte er. Das war nicht nur eine Herzensveränderung. Nein, das war eine Bestätigung seines Sieges… die weiße Flagge der Kapitulation… ein Zeichen des Waffenstillstands.

Die Jahre vergingen, und in zwei Wochen stand der Schulabschluss bevor. Es war Freitagabend, aber es war nicht nur irgendein Freitagabend; nein, es war der Abend, bevor Johnny die letzte Zahlung für den Ring machte! Er konnte es kaum mehr erwarten. Er drehte sich die ganze Nacht von einer Seite auf die andere und schlief dann schließlich in den frühen Morgenstunden ein. Als ihn der Schlummer überkam, begann er zu träumen.

Da war sie, die Frau seiner Träume! Sie war bezaubernd, rein, und unschuldig wie ein kleines Kind, beinahe naiv. Sie tanzte um ihn herum indem sie lachte und ihn neckte, während sie sich bewegte. Ihre Gegenwart bezauberte ihn. Aber plötzlich wusste er, dass auch sie von ihm hingerissen war… ihrer ersten Liebe… dem Mann ihrer Träume. Er konnte fühlen, wie ihr Herz mit Leidenschaft schlug, ihre Gedanken mit Faszination durchzogen wurden. Das war das erste Mal, dass er realisierte, dass sie ihr ganzes Leben lang nach ihm gesucht hatte, sich nach seiner Umarmung sehnte, auf seinen Kuss wartete. Er wollte, dass der Traum niemals aufhören würde, aber er begann zu verschwinden. Er konnte ihr Gesicht nicht mehr sehen. Dann tauchte sie noch ein weiteres Mal auf: dieses Mal war ihr blaues Kleid durch die Kleidung einer Krankenschwester ersetzt. Als er aufwachte, wunderte er sich darüber. Sie war immer noch unglaublich anmutig in ihrer weißen Uniform, dachte er, aber was bedeutete das?

Als er erwachte war es schon 9 Uhr. Das bedeutete, dass er sich beeilen musste, wenn er noch vor der Arbeit den Ring abholen wollte. Er zog sich an und eilte zur Tür hinaus, seine Gedanken waren immer noch von dem geheimnisvollen Traum gefangen. Er fuhr geradewegs zum Schmuckgeschäft, rannte zur Tür und hielt dann nochmal

kurz an, bevor er hinein ging. Was er als nächstes sah, überraschte ihn völlig. Der Verkäufer und Kathy standen unter Luftballons und vor einem Schild, auf dem geschrieben stand: „Du hast es geschafft! Herzlichen Glückwunsch!" Es stand sogar ein Kuchen mit der Aufschrift „Glückwunsch, Johnny" da. Während er zum Ladentisch lief, riefen ihm beide zu: „Glückwunsch, Johnny!"

Der Verkäufer drückte Johnny die Hand und schaute ihm in die Augen. „Du bist ein toller junger Mann. Ich habe mich in dir getäuscht. Bitte vergib mir!"

„Ich vergebe Ihnen", antwortete er. Jeder hatte Tränen in den Augen. Das war der beste Tag seines Lebens.

„Bleib mit uns in Kontakt, Johnny", sagte der Verkäufer während er den Laden verließ. „Wir werden dich vermissen."

„Ich werde Sie auch vermissen. Danke für alles!" Den Kuchen in seinen Händen und den Ring in seiner Jackentasche, ging Johnny seines Weges. Er konnte es kaum glauben.

Aber nur einige Tage später verwandelte sich Johnnys Triumph in Bestürzung. Zwei Tage vor seinem Abschluss, als er gerade in die Hofeinfahrt einbog, warteten seine Eltern schon vor der Haustür auf ihn. Der Ausdruck ihrer Gesichter verriet ihm, dass irgendetwas nicht stimmte. Schnell parkte er das Auto und rannte zur Haustür. Als er sich der Treppe näherte, sah er, dass seine Mutter weinte. „Was ist los?", rief er. „Was ist passiert?" Sein Vater zog mit hängendem Kopf einen Umschlag aus seiner Jackentasche heraus und gab ihn Johnny. Obwohl er an ihn adressiert war, war er bereits geöffnet worden. Der Umschlag erzählte die ganze Geschichte: United States Army. Johnny zitterte als er den Brief öffnete und ihn laut vorlas. „Benachrichtigung für Johnny H. Johnson. Einberufungsbescheid zur Teilnahme am Militärdienst. Pünktlich einzutreffen in Fort Ord, Kalifornien, am 19. Juli 1972 um 9 Uhr."

Johnny ließ seinen Kopf hängen und begann zu weinen. Seine Eltern nahmen ihn in die Arme und sie weinten zusammen.

„Das können sie doch nicht machen!", protestierte seine Mutter. „Sie können mir nicht meinen einzigen Sohn wegnehmen!" Aus ihrem Weinen wurde Wehklagen.

„Es wird schon alles gut werden, Mama", sagte Johnny. „Mach dir keine Sorgen, Mama", sagte er, indem er ihren Kopf streichelte. Sein Vater sagte nichts, aber seine Augen waren mit Traurigkeit erfüllt.

„Alles wird gut, Papa", sagte Johnny. „Ich werde wieder sicher nach Hause kommen... Das werde ich. Ich verspreche es euch."

Ein paar Wochen später setzten ihn seine Eltern im Rekrutierungs-Büro ab. Als sie sich verabschiedeten, gab es noch mehr Tränen. Seine Eltern standen da und beobachteten, wie ihr Junge in den Bus zum Ausbildungslager einstieg und dieser den Parkplatz verließ und wegfuhr. Johnny winkte ihnen, bis sie in der Ferne verschwanden.

Während er so im Bus saß, fühlte er sich ähnlich wie damals an seinem ersten Tag an der High School - nur noch viel schlimmer. Er schaute sich um und sah die anderen Jungs im Bus, die, so wie es aussah, gerade alle das gleiche

wie er durchmachten. Es tat gut zu wissen, dass man nicht der Einzige war, der Angst hatte.

Schließlich erreichten sie das Ausbildungslager und wurden in Reihen aufgestellt, zuerst um die Namensliste durchzugehen und dann für die anstehende Kopfrasur. Ein brüllender Ausbilder wies die Jungs ihren Gruppen zu. Verglichen mit diesem Mann war der Schmuckverkäufer ja ein Engel, dachte Johnny bei sich, während der Frisör seinen Kopf rasierte. Von dort aus wurden er und die anderen zur Kaserne des Sergeants geschickt, der neben ihnen her rannte und ihnen ständig Befehle und Anweisungen zuschrie. Während sie ihre Sachen in den ihnen zugewiesenen Schließfächer verstauten und sich auf das Nachmittagstraining vorbereiteten, sah sich Johnny mit dem Problem konfrontiert, was er jetzt mit dem Ring tun sollte. Er konnte nicht verstehen, warum er ihn nicht einfach zu Hause gelassen hatte, aber jetzt musste er einen Platz finden, an dem er ihn verstecken konnte. Vorsichtig steckte er ihn in einen Socken hinein und stopfte ihn ganz hinten in ein Fach seines Spinds.

Einige Zeit später befanden sich Johnny und die anderen Rekruten in ermüdenden, kilometerlangen Läufen mit Gepäck auf ihren Rücken. Der ganze Tag war vollgepackt mit einem aufreibenden, unerbittlichen Trommelfeuer an Übungen, begleitet von blödsinnigem Geschrei, das nur zum Ziel hatte, sie an ihre Belastungsgrenze zu bringen. Manche Männer stolperten und fielen völlig erschöpft hin, andere hielten an, weil sie sich übergeben mussten. Johnny erging es ein bisschen besser, aber als sie dann zur Kaserne zurückkehrten, fühlte sich auch sein Körper völlig ausgelaugt an. Er krabbelte in die obere Koje, kaum mehr in der Lage, seine

Beine auf die Matratze hoch zu bekommen. Noch nie in seinem Leben war er so müde gewesen.

Vier Stunden später wurde das Licht angeknipst und der Sergeant ordnete an, dass jeder neben seiner Koje stramm-stehen musste. Nur langsam brachte Johnny seinen müden Körper auf den Boden. Sein Herz raste und sein Schädel brummte. Seine Uhr sagte ihm, dass es drei Uhr morgens war. „Was will dieser Idiot um diese scheußliche Uhrzeit schon von uns?", fragte er sich.

„Schließfachinspektion!" schrie der Sergeant. „Männer, öffnet jetzt eure Schließfächer!"

Panik ergriff Johnny, als ihm plötzlich der Ring einfiel. Der Sergeant ging die Reihe der Schließfächer entlang und schmiss die ganzen Sachen heraus auf den Boden. Er sah, dass er als nächstes dran war. Er versuchte, sich zu seinem Schließfach durchzudrängen, aber es war zu spät. „Ent-fernen Sie sich wieder von Ihrem Schließfach, Johnson!", giftete ihn der Sergeant an. Noch bevor er sich bewegen konnte warf der Sergeant seine ganzen Sachen auf den Boden und verstreute sie überall. Die Socken mit dem Ring flogen heraus und landete neben den Füßen des Ser-geants. Er schaute auf den Boden.

„Sie haben hier eine Unordnung, Junge! Heben Sie das jetzt auf!" Johnny überkam panische Angst. „Haben Sie mich verstanden, Johnson? Ich sagte jetzt!"

„Ja, Sir", sagte Johnny, indem er seine Tränen zurück-hielt. Er legte seine Kleider auf einen Haufen und ver-suchte, möglichst keine Aufmerksamkeit auf die Socken zu lenken.

„Beeilung! Zeigen Sie mir diese Socken!", befahl er und riss sie ihm aus der Hand. Johnnys Herz begann zu rasen als der Sergeant diese an seine Nase hob.

„Diese Socken riechen nach Hundescheiße. Haben Sie das verstanden, Johnson?" Er warf sie quer durchs Zimmer.

„Ja, ich hab's verstanden!"

„Wir werden Ihnen beibringen, wie man richtig Wäsche macht, Johnson. Waschen Sie diese und erstatten Sie mir dann Bericht darüber", befahl der Sergeant.

„Ja, Sir, Ja!", rief Johnny und salutierte.

Sobald der Sergeant die Kaserne, die Tür hinter sich zuschlagend, verlassen hatte, rannte Johnny auf die andere Seite des Raums, um seinen Ring heraus zu holen. Das dunkelblaue Samtkästchen kam aus den Socken heraus und lag in zwei Stücken auf dem Boden. Glücklicherweise war der Ring darin immer noch festgeklemmt. Nachdem er sich versichert hatte, dass ihn niemand beobachten würde, hob er vorsichtig den Ring auf und steckte ihn in seine Hosentasche. Er fühlte sich noch gut an, aber er würde später nochmals danach schauen müssen, um auch wirklich sicher zu gehen. Und er müsste eine bessere Lösung finden, wie er den Ring zukünftig verstecken könnte.

Johnny brachte sein Schließfach in Ordnung und räumte seine ganzen Sachen weg. Es war richtig dicke Luft in der Kaserne. Jeder war äußerst angespannt und fragte sich, was als Nächstes passieren würde. Hier ging es auf keinen Fall zu wie in der High School. Die Armee war brutal und eiskalt.

Johnny ging um 4 Uhr morgens zum angeordneten Wäschedienst. Erschöpft und gestresst bemühte er sich zuzuhören, während ihm ein Soldat zeigte, wie man die Waschmaschinen bediente. Ihm wurde ein Berg von Handtüchern und Bettlaken gezeigt. Bis zum Frühstück musste er alles gewaschen und getrocknet haben. Nachdem er die ganzen Maschinen beladen hatte, nahm er sich einen Moment Zeit, um nachzuschauen, ob auch noch alles mit dem Ring in Ordnung war und um sicher zu gehen, dass er den Flug auf den Boden gut überstanden hatte. Er hob ihn ins Licht und schaute ihn sich genauer an. Zum Glück sah es so aus, als ob nichts passiert war. Als er eine Rolle Panzerband in einem Regal des Waschraums erblickte, kam ihm eine Idee. Er zog das Futter seines Helmes heraus, nahm sein Messer und schnitt ein Stück heraus, das gerade groß genug war, so dass der Ring dort hinein passte. Dann nahm er das Panzerband und ersetzte damit das Futter. Johnny begutachtete seine Handarbeit und atmete erleichtert auf. Der Ring war komplett versteckt, und jetzt würde er auch immer bei ihm sein. „Irgendwie ging es doch noch gut", dachte Johnny „und es wird auch weiterhin gut gehen."

Die darauffolgenden Wochen waren voller Torturen und Schmähungen, aber die Männer gewöhnten sich mit der Zeit daran und wuchsen immer mehr zusammen. Die Kameradschaft, die sie erlebten, gab ihnen Kraft, während sie auf den kommenden Einsatz warteten. Natürlich wollte niemand nach Vietnam gehen. Aber schließlich kam der Tag, an dem sie ihre Zuweisung erhielten. Der Raum war spannungsgeladen als der Sergeant die verschiede-

nen Einsatzgebiete mit den jeweiligen Namen der Männer vorlas, die dorthin geschickt wurden. Die Spannung wuchs mit jedem Namen, Vietnam wurde immer noch nicht erwähnt. Dann machte er eine Pause, schaute auf sein Notizbrett und sagte „Der Rest wird nächste Woche nach Vietnam gebracht. Viel Glück, Männer. Haltet den Kopf in Deckung!"

In dieser Nacht konnte man hören, wie einige Männer weinend in ihren Kojen lagen. Johnny war einer von ihnen. Niemand tröstete sie, und kaum jemand schlief in dieser Nacht. Morgens rief Johnny seine Eltern an... Seine Stimme versagte beinahe am Telefon. Seine Mutter fiel auf ihre Knie und weinte untröstlich, als sie die Nachricht hörte. Sein Vater versuchte, beide zu beruhigen. Leise schluchzte Johnny, während er am Telefon hing und einige Minuten einfach nur schwieg. Schließlich konnte er es nicht mehr länger aushalten. Hastig sagte er „Ich muss jetzt gehen. Vergesst nie, dass ich euch beide unendlich liebe. Sagt meiner Schwester, dass ich sie auch liebe. Tschüss." Noch bevor er ihre Antwort hören konnte legte er auf.

Eine Woche später saß Johnny in einem Flugzeug, das ihn nach Vietnam brachte. Die Männer saßen schweigend da, konfrontiert mit der Realität des Todes und Kampfes, der sie nun bald gegenüber stehen würden. Johnny unternahm alle Anstrengungen, sich nicht das Schlimmste vorzustellen. Er erinnerte sich an das Versprechen, das er als kleiner Junge Gott gegenüber einmal gemacht hatte. Es schien so, dass es jetzt viel mehr Sinn machen würde, für die Ewigkeit zu leben und jemandem zu dienen, der einen wirklich beschützen konnte. Während er darüber nachdachte bemerkte er, dass er inmitten seiner Angst zum ersten Mal seit Jahren Gottes Gegenwart spüren konnte. Er bat den Herrn, ihn zu beschützen und ihn wieder lebendig nach Hause zu bringen. Er versprach, ihm ernstlich zu folgen und dankte ihm für seine Liebe. Ein überwältigender Friede durchdrang seine Seele. Er fühlte sich so entspannt wie schon lange nicht mehr, und schließlich schlief er ein; aufrecht im Flugzeug sitzend mit dem Gewehr in seiner Hand.

Dann begann er zu träumen. Er stand in einem dicken Nebel und sein Herz schlug höher, denn plötzlich erschien jemand in seiner Nähe. Da war sie, die Frau seiner Träume! Wieder hatte sie die Kleidung einer Krankenschwester an und begann, ihn mit ihren Blicken zu durchdringen, wie wenn sie nach etwas in ihm suchen würde. Irgendwie wusste er, dass sie nach Mut suchte. Dann lächelte sie, als hätte sie es verschlossen in einer geheimen Kammer seines Herzens entdeckt. Ohne Vorwarnung fühlte er, dass ihn plötzlich Mut durchströmte wie ein Energiepuls. Sie küsste ihn und verschwand dann wieder im Nebel. Sofort wachte er auf und fühlte sich wie ein anderer Mensch. Immer noch floss dieser Mut durch ihn, und er war konzentriert und zuversichtlich. Er wusste, dass er es packen würde, was auch immer vor ihm liegen würde. Er sah, wofür er leben musste. Der Wandel in seiner Haltung war so dramatisch, dass er davon überzeugt war, dass gerade eben etwas Übernatürliches mit ihm geschehen sein musste.

Der lange Flug kam zu einem holprigen Ende, als das Flugzeug auf der aufgewühlten, dreckigen Landebahn inmitten des Dschungels aufsetzte. Man konnte Explosionen und Gewehrfeuer aus der Entfernung hören, als die

Männer von Bord gingen. Innerhalb von Minuten waren sie total durchgeschwitzt, denn die Luftfeuchtigkeit betrug 90 Prozent. „Willkommen in Vietnam", rief der Pilot. Die Soldaten beobachteten, wie das Flugzeug die Landebahn hinunterrollte. Dann, zu ihrem Erschrecken, hörten sie wie aus vielen Maschinengewehren das Feuer eröffnet wurde. Das Flugzeug fing Feuer und explodierte am Ende der Landebahn mit einem großen Feuerball. Die Männer rannten zum Flugzeug, aber schon bald mussten sie in Deckung gehen, denn überall flogen Kugeln durch die Luft. „Willkommen in Vietnam", wiederholte Johnny für sich selbst.

Es war unmöglich, das Gefühl dieses ersten Tages in Vietnam zu beschreiben. Aber das war Krieg, eine von Menschenhand gemachte Hölle. In den folgenden Monaten wiederholte sich diese Szene immer und immer wieder. Jeden Tag starben Menschen im Kampf, und Johnny kämpfte damit, das zu verarbeiten. Vor allem war es hart, die Kumpels aus dem Ausbildungslager im Kampf fallen zu sehen. Angst, Verzweiflung und Hoffnungslosigkeit gehörten zum Alltag der Männer. Aber Johnny entdeckte, dass der Friede und der Mut, die im Flugzeug über ihn gekommen waren, nicht von ihm wichen, sondern ihm Kraft gaben, alles zu überwinden und unter diesen Umständen durchzustehen.

Dann kam der Tag für Johnny, vor dem sich jeder Soldat fürchtet. Er und seine Truppe waren in der Mitte eines Feldes festgenagelt. Von drei Seiten wurden sie vom Feind umzingelt. Per Funk forderten sie Hilfe an, aber es wurde ihnen gesagt, dass es drei Stunden bis zum Eintreffen der Verstärkung dauern würde. Ihre einzige Hoffnung, noch irgendwie zu überleben, war es, sich in einem Schützen-graben 300 Meter nördlich von ihnen zu verstecken und dort auf Hilfe zu warten. Die Männer mussten auf dem Bauch einige hundert Meter kriechen, dann rannten sie, unter dem Kugelhagel des Feindes, und sprangen in den Schützengraben. Als Johnny an der Reihe war, sprach er ein kurzes Gebet, sprang auf seine Füße und begann um sein Leben zu laufen. Er hatte schon fast den Schützen-graben erreicht, als sein Helm von einem Granatsplitter getroffen wurde und von seinem Kopf fiel. Er bückte sich, um ihn wieder aufzuheben, aber Kugeln flogen und Gra-naten explodierten überall um ihn herum, und die Männer schrien und winkten ihm, sich zu beeilen. Er duckte sich, rannte vorwärts und machte einen letzten Sprung in den Schützengraben. Die Männer halfen ihm, in Sicherheit zu kommen.

Indem er nach Luft rang, platzte er heraus „Mein Ring… mein Ring! Ich muss meinen Helm haben!" Er sah den Sergeant. „Sir, ich muss meinen Helm haben!"

„Gehen Sie in Deckung, Johnson!", rief der Sergeant zurück.

„Sergeant, Sie verstehen das nicht… Ich muss gehen, Sir!" argumentierte Johnny aufgeregt.

„Geh runter, Johnny! Hörst du mich, mein Junge? Halte deinen Kopf unten!", beharrte der Sergeant.

Hartnäckig schüttelte Johnny seinen Kopf. „Es tut mir leid, Sir, ich muss meinen Helm haben."

Er sprang aus dem Schützengraben und rannte über das Feld, die Kugeln flogen um seinen Kopf. Als er seinen

Helm sah, sprang er auf ihn zu, schnallte sich ihn an und rannte zurück. Als er sich in den Schützengraben stürzte, durchbohrten Kugeln seine rechte Hüfte und sein rechtes Knie. In Schmerzen schrie er auf und kämpfte darum, die letzten Meter vollends bis zum Loch zu kommen. Zwei Soldaten krochen heraus und brachten ihn in Sicherheit. Eine der Kugeln hatte eine Arterie getroffen und so verlor er schnell viel Blut. Die Männer zerrissen seine Uniform schnürten damit sein Bein ab, um den Blutaustritt zu verlangsamen. Bevor er ohnmächtig wurde, hörte er noch, wie sie nach einem Helikopter riefen, der ihn zum Feldlazarett bringen sollte.

Der Hubschrauber kam schließlich in der Abenddämmerung an und landete unter Beschuss des Feindes in einem Feld in der Nähe. Die Männer brachten Johnny eilends dort hin und luden ihn ein, während die Schützen ihnen mit einem 50mm-Maschinengewehr Deckung verschafften. Johnny wurde nach Hanoi geflogen, wo er sofort operiert wurde, um die Blutung zu stoppen, und die Kugeln zu entfernen. Nach der Operation lag er drei Tage bewusstlos da, sein Leben hing an einem seidenen Faden. Aber am dritten Morgen kam er dann endlich wieder zu Bewusstsein. Er schaffte es, seine Augen zu öffnen und zwang sich, aufrecht zu sitzen. Er stöhnte: „Wo bin ich? Was geht hier vor? Was ist mit mir passiert?"

„Sie sind im Krankenhaus", sagte eine ruhige Stimme neben seinem Bett. „Sie wurden im Kampf verletzt. Es wird Ihnen bald wieder besser gehen."

„Mein Helm ... mein Helm! Wo ist mein Helm? Ich möchte meinen Helm .... Bitte. Bitte findet meinen Helm!", bettelte Johnny.

„Hier ist ihr Helm." Die Krankenschwester legte ihn auf das Bett neben ihm. Johnny nahm ihn und tastete nach dem Ring. Erleichtert atmete er auf, als er feststellte, dass er immer noch im Futter des Helmes steckte.

„Ihr Sergeant hat berichtet, dass Sie angeschossen wurden, während Sie den Helm vom Schlachtfeld holten.", sagte die Krankenschwester hinter ihm. „Er wollte unbedingt sicherstellen, dass Sie ihn auch gleich bekommen, wenn Sie aufwachen."

Johnny drehte sich um, um zu sehen, woher die Stimme kam.

„Ich bin hier!" sagte sie und ergriff sanft mit ihren beiden Händen seinen Kopf und drehte ihn bis sich ihre Augen trafen. Sie waren wunderschön - und grün - und schauten fest in seine, mit einem Blick, der ihm nur zu vertraut war. Er bemühte sich, klare Gedanken zu fassen. Es war ein Déjà-vu. Er kannte diese Frau. Irgendwie, irgendwo hatte er sie schon getroffen. Er erkannte ihre Stimme, ihre Augen, ihr Lächeln – aber wie war das möglich?

Ihre schwarzen Haare schimmerten unter den hellen Untersuchungs-Lampen, als sie an die Seite seines Bettes kam, um seinen Blutdruck zu messen. Ihre Bewegungen waren elegant und graziös. Dann bemerkte er ihre Uniform und plötzlich war es ihm klar: Das war sie, das Schicksal hatte es so geführt, die Frau seiner Träume! Er konnte es kaum fassen. All die Schmerzen und Schrecken des

Schlachtfelds verflogen aus seinen Gedanken und seinem Körper, während ihre Gegenwart ihn total überwältigte. Er konnte seine Augen nicht mehr von ihr abwenden, und es war offensichtlich. Sie kicherte, während sie versuchte sich auf ihre Untersuchungen zu konzentrieren.

„Sie wissen, dass es unhöflich ist, Leute so anzustarren?", sagte sie.

„Ich kann nicht anders."

„Hmm, ich nehme an, dass ich von jemand, der verwundet ist und drei Tage bewusstlos war, nicht viel erwarten sollte."

„Ich bin vielleicht verwundet, aber ich bin nicht tot!" antwortete er energisch.

Sie lächelte: „Das sehe ich. Gut, ich gehe jetzt und sage dem Arzt, dass Sie aufgewacht sind." Sie wollte gerade weggehen.

„Warte, bevor du mich verlässt, ich habe eine Frage an dich."

„Um was geht es, 1. Klasse Gefreiter Johnson?"

Er nahm seinen ganzen Mut zusammen und fragte: „Willst du mich heiraten? Ich meine es ernst, willst du meine Frau werden?"

Sie starrte ihn für einen Moment, der ihm wie eine Ewigkeit vorkam, an, schüttelte ihren Kopf, drehte sich um und ging lachend weg.

„Ich meine es ernst!", rief er ihr nach. Er wollte ihren Namen rufen, aber stellte fest, dass er ihn ja gar nicht kannte. Zehn Minuten später kam der Arzt in das Zimmer, um ihn zu untersuchen.

„Guten Morgen Gefreiter Johnson. Maria hat mich informiert, dass sie schon ziemlich wach sind und bereits ihre Kräfte wieder erlangen.", sagte der Arzt mit einem Lächeln.

Johnny hätte den Arzt am liebsten dafür umarmt, dass er ihm ihren Namen genannt hatte. Maria! Was für ein wunderschöner Name. Während der ganzen ärztlichen Untersuchung konnte Johnny an nichts Anderes mehr denken.

Als der Arzt gegangen war, wurde ihm plötzlich die Kühnheit seines wagemutigen Antrags bewusst und er begann, sich Sorgen zu machen, ob er Maria wohl verjagt hatte, da schon eine Stunde vergangen war, ohne dass sie zurückgekommen war.

Aber schließlich kam sie wieder und er war über alle Maßen dankbar, als sie lächelnd hereinkam und sich ihm zuwandte. Er beschloss zu versuchen, mit mehr Geduld und Respekt um sie zu werben. Glücklicherweise war sie ihm als Krankenschwester zugeteilt, so dass er viele Möglichkeiten hatte, die Ernsthaftigkeit seiner Absichten zu beweisen.

Johnnys Genesung dauerte schließlich mehrere Wochen. Er war allmählich in der Lage zu gehen, anfänglich unterstützt durch Maria, und mit der Zeit benötigte er ihre Hilfe nicht mehr.

Sie begannen, täglich Spaziergänge zu machen, wenn sie mit ihrer Arbeit fertig war. Bei diesen Spaziergängen hatten sie die Gelegenheit, sich näher kennenzulernen. Sie erzählte ihm, dass sie die jüngste Tochter eines wohlhabenden

texanischen Ölhändlers war und dass sie sich, gegen den Willen ihres Vaters, entschieden hatte, Krankenschwester zu werden, um Menschen zu helfen. Sie war stark und mitfühlend, fröhlich und offen und je mehr Johnny sie kennenlernte, desto mehr erkannte er, dass sie bewundernswerter war, als er es sich jemals erträumt hatte. Glücklicherweise schien es so, dass sie das Gleiche über ihn dachte. Ihre Liebe zueinander wurde von Tag zu Tag stärker. Aber in all ihren Unterhaltungen hatte er nie den Ring erwähnt. Er plante immer noch, sie in der Hochzeitsnacht damit zu überraschen, wie er es geplant hatte, seit er 15 Jahre alt war.

Sieben Wochen nachdem Johnny mit dem Rettungshubschrauber angekommen war, sagte ihm der Arzt, dass er nun wieder in der Lage sei, leichte Dienste zu übernehmen und dass er seine Reise zurück in die Staaten antreten könne. In der Nacht vor seiner Abreise kam Maria in sein Zimmer und kniete sich neben sein Bett. Tränen liefen ihr über die Wangen. Sie nahm seine Hand und sagte: „Ich würde gerne deine Frau werden, Johnny." Er nahm sie in seine Arme und weinte vor Freude und Traurigkeit. Nach einer Weile gingen sie auf die hintere Veranda des Krankenhauses und saßen da still nebeneinander und betrachteten den wunderschönen Sonnenaufgang in Vietnam.

Einige Stunden später befand sich Johnny auf seiner Heimreise.

Die verbleibenden Monate von Johnnys Dienstzeit erschienen ihm unerträglich lang. Doch trotz der Ozeane und den Tausenden von Kilometern zwischen ihnen, wurde die Liebe von Johnny und Maria immer stärker und tiefer. Sie schrieben sich jeden Tag bis zum Tag ihrer Hochzeit. Diese feierten sie nur wenige Tage nachdem Johnny seinen Militär-Dienst beendet hatte im Haus von Marias Familie, einer luxuriösen Villa am Golf von Mexico. Es war eine wunderschöne Hochzeit – Marias Eltern gaben ein kleines Vermögen für das Fest aus und luden hunderte von Gästen ein. Johnny gab Maria während der Zeremonie nur ein einfaches Hochzeitsband, aber als er dies tat, war alles, an was er denken konnte, der Moment, in dem er ihr den Ring geben würde. Es war alles, woran er den ganzen Tag denken konnte. Es schien eine Ewigkeit zu dauern, bis sie schließlich durch den Konfetti-Regen hindurch in die Limousine steigen konnten und in ihr Hotel direkt am Meer gebracht wurden.

Auf dem Rücksitz der Limousine genossen sie ihre ersten Momente an diesem Tag, wo sie allein sein konnten. Zärtlich hielten sie ihre Hände und sahen sich voll Bewunderung an. Er konnte es nicht erwarten, ihr Gesicht zu sehen, wenn er das Samtkästchen öffnen würde und ihr den Ring – den Ring für die Frau seiner Träume - geben würde. Es würde herrlich sein.

Als sie im Hotel ankamen, nahm er sie auf seine Arme und trug sie in die Hochzeits-Suite. Voller Übermut ließ er sie auf das extra große Bett fallen und legte sich auf sie, während sie beide lachten. Es war alles so neu und so aufregend. Johnny bekannte ihr, dass er ein bisschen nervös sei, und Maria ging es genauso. Sie überzeugte ihn davon, dass er sie sich zunächst im Ankleidezimmer umziehen lassen sollte. Es war der perfekte Moment. Johnny eilte zu seinem Koffer und holte den Ring hervor. Er versteckte ihn hinter sich und rief mit freudiger Erwartung: „Beeil' dich, ich kann nicht länger warten!"

„Gute Dinge sind es wert, dass man auf sie wartet, Johnny Johnson.", sagte sie.

Dann stand sie vor ihm, umrahmt von der Tür des Ankleidezimmers und er konnte dem nur völlig zustimmen.

Als sie auf ihn zuging, sagte er. „Ich habe eine Überraschung für dich! Bitte setz' dich auf das Bett und schließe deine Augen." Sie schaute ihn fragend an, aber schloss dann ihre Augen und setzte sich hin. „Ok, du kannst deine Augen aufmachen!", sagte Johnny und versuchte, seine Tränen zu unterdrücken. Er kniete vor ihr, mit dem geöffneten blauen Samtkästchen in seiner Hand. Maria lächelte, aber sie war nicht so überrascht, wie er es sich vorgestellt hatte. „O Johnny, er ist so schön. Das hättest du nicht tun müssen."

„Gefällt er dir?"

„Er gefällt mir. Er ist sehr schön. Vielen Dank."

Sie zog den Ring an und hielt die Hand hoch um Johnny den Ring zu zeigen. Dann kniete sie sich neben ihn, legte ihre Arme um ihn und küsste ihn. „Aber dich liebe ich viel mehr."

Als sie sich so umarmten, versuchte Johnny seine Enttäuschung zu ignorieren. Er hatte gehofft, dass der Moment, auf den er 5 Jahre gewartet hatte, bewegender sein würde. Er schaute seine wunderschöne Braut an und lächelte. - „Was soll's?", sagte er zu sich selbst. „Du hast diesen bewegenden Moment nicht erlebt, aber du hast die Frau deiner Träume. Komm' einfach darüber hinweg!"

Am nächsten Morgen wachten sie früh auf und lächelten sich an. Aber ein Stich fuhr Johnny durchs Herz und störte sein Glücksgefühl als er an den Ring dachte.

„Bist du sicher, dass dir der Ring gefällt?", fragte er sie wieder.

„Natürlich mag ich ihn, du Dummerchen!" sagte sie und küsste ihn.

„Ich wette, dass ich schneller am Strand bin als du!"

Sie sprang aus dem Bett, zog ihren Badeanzug an und rannte zum Wasser.

Johnny war dicht hinter ihr und rief: „Zieh besser den Ring aus, bevor du ins Wasser springst!"

„Wird schon nichts passieren!", rief sie zurück.

Bald waren sie im Wasser, tobten wild umher, spritzten sich nass und lachten übermütig. Als sie schließlich an den Strand zurückkamen, war der Ring weg!

Johnny starrte Marias bloße Hand an und war geschockt. Er brach in Tränen aus und schwankte schluchzend zum Wasser. Er konnte es nicht glauben, dass sie ihn verloren hatte. Es war unfassbar für ihn, dass der Ring, für den er so hart gearbeitet hatte, ja, für den er sogar angeschossen worden war, für immer verloren war. Voller Verzweiflung ließ er sich in den Sand fallen. „Er ist weg! Für immer weg!"

Niedergeschlagen kniete sich Maria neben ihn und legte ihre Arme um ihn. „Es tut mir leid, Johnny. Bitte sei nicht wütend auf mich. Wir können einen anderen Ring kaufen. Meine Eltern werden mir das Geld geben. Wir werden einen finden, der genauso aussieht, wie der, den du mir geschenkt hast. Alles wird wieder gut, bitte weine nicht."

Aber nichts, was sie sagte, tröstete ihn. Er war am Boden zerstört. Er hatte so viel in seinem Leben dafür gegeben, diesen Ring zu bekommen und zu bewahren, um ihn der Frau seiner Träume schenken zu können. Aber am Ende bedeutete es ihr nur wenig mehr als irgendein Artikel, den man kaufen und leicht ersetzen konnte. Wie konnte er ihr verständlich machen, dass der wahre Wert des Ringes in dem Blut, dem Schweiß und den Tränen lag, die es gekostet hatte, den Ring vom Schlachtfeld bis ins Schlafzimmer zu bekommen?

KAPITEL 2

Vom Schlachtfeld ins Schlafzimmer

Sie saßen am Strand, eine Brise vom Ozean blies durch ihr Haar und Maria versuchte weiterhin Johnny zu trösten. Schließlich sagte sie, ein wenig frustriert: „Johnny, bitte hilf mir zu verstehen, warum du wegen eines dummen Rings so aufgebracht bist."

Unter Tränen erzählte Johnny ihr die ganze Geschichte des Rings. Er beschrieb, wie er bis zur Erschöpfung dafür gearbeitet hatte und alles Andere vernachlässigt hatte, um genug Geld zu verdienen, um den Ring zu kaufen. Er erzählte ihr von den ganzen Erfahrungen bei der Armee, wie er den Ring bewahrt hatte und wie er aufs Schlachtfeld

zurück gelaufen war, um ihn zu retten. Er schilderte Maria seine Begeisterung, ihr in der Hochzeitsnacht etwas schenken zu können, wofür er einen so hohen Preis bezahlt hatte. Dann schaute er ihr tief in ihre grünen Augen und sagte: „Du wirst immer die Frau meiner Träume sein. Eigentlich bist es ja sowieso Du, für die ich wirklich gekämpft habe. Der Ring war nur ein Symbol meiner Liebe zu dir. Es tut mir leid, dass ich mich so darüber geärgert habe. Ich denke, ich habe mich einfach von dem Symbol so gefangen nehmen lassen, dass ich den wahren Grund, warum ich wirklich so hart gearbeitet habe, vergessen habe."

Maria saß einen Moment lang völlig überwältigt da. Das war wirklich sehr viel zu verdauen – der Gedanke, dass dieser Ring sie auf so eigenartige Weise zusammengebracht hatte und dass der Mann, den sie geheiratet hatte, so lange so viel dafür getan hatte, um ihn ihr zu bringen. Es war ihr, als sähe sie ihn jetzt zum ersten Mal so wie er war. Maria konnte ein wenig erahnen, was der wahre Preis des Rings war und sie wurde völlig von ihren Gefühlen überwältigt.

„Johnny", sie konnte kaum mehr sprechen. „Ich liebe dich von ganzem Herzen. Ich habe den Wert des Rings nicht erkannt. Kannst du mir jemals vergeben? Ich war so dumm!", sagte Maria, die jetzt fassungslos weinte.

Er umarmte sie und während er sich auf den Rücken rollte, zog er sie auf sich. „Ich vergebe dir, Maria, ich vergebe dir wirklich!"

Als er seinen Kopf zu ihr drehte, um sie zu küssen, sah er aus seinen Augenwinkeln, wie etwas an den Strand gespült worden war. Ungefähr zehn Meter von ihnen entfernt glitzerte etwas im Sand.

„Maria, Maria, sieh' mal!", rief Johnny.

Sie sprangen auf und rannten hin. Da war er und schaute gerade noch so aus dem Sand heraus –der Ring für die Frau seiner Träume – Er beugte sich nieder, hob ihn auf und blies den Sand von ihm weg.

Johnny begann laut zu schwärmen: „Mit diesem Ring habe ich Dich geheiratet, meine geliebte Maria, um es besser zu haben oder auch schlechter, um reicher zu werden oder auch ärmer."

Sie lachten beide wie kleine Kinder als er ihr den Ring an ihren Finger steckte.

Maria nahm Johnnys Gesicht in ihre Hände und sagte: „Ich danke Gott, dass es zweite Chancen gibt!"

Der Preis der Liebe

Maria wuchs auf wie viele Kinder. Ihre Familie gab ihr alles, was sie wollte, und so machte sie nie die wunderbare Erfahrung, wie es ist, für etwas Kostbares, Wertvolles oder Starkes zu kämpfen oder zu arbeiten. Sie brauchte eine Weile, bis ihr bewusst wurde, dass dieser Ring nicht nur ein cooles Juwel war, sondern ein Zeichen von Johnnys Liebe zu ihr. Als Johnny Knochenarbeit leistete, rackerte er sich eigentlich nicht für einen Diamanten ab, sondern er arbeitete für die Ehre, ihr ein Stück seines Herzens zu geben. Sein Geschenk konnte nicht durch Geld ersetzt werden, denn es wurde nie wirklich mit Geld bezahlt. Natürlich hatte er den Ring mit Dollars bezahlt, aber jeder Dollarschein war ein Beweis für seine Opferbereitschaft, seine Leidenschaft und seinen Schmerz. Als Johnny auf das

Schlachtfeld zurück rannte, tat er es nicht, um seine Investition zu retten, sondern seine Braut!

Begreifst du das? Verstehst du, dass der Wert des Ringes mit jeder mutigen Handlung, mit jeder Arbeitsstunde, mit jedem Tropfen vergossenen Blutes zunahm? Jeder von uns kann etwas Teures verschenken, aber nur diejenigen, die wissen, was Opfer heißt, sind in der Lage, etwas Wertvolles zu geben.

Nicht nur diejenigen, die in reichen Familien aufwachsen haben Probleme damit, den hohen Wert der Liebe zu verstehen. Es scheint, als ob die ganze Welt den Blick für den unbezahlbaren Wert wahrer Liebe verloren hat, welche aus einem reinen Herzen und einer unschuldigen Seele kommt.

Das Geheimnis hinter dem Ring

Die Geschichte, die du gerade gelesen hast, ist eine Allegorie, ein Gleichnis, wenn du so willst. Johnny ist der Sohn irgendeines Vaters und Maria die Tochter irgendeiner Mutter. Der Ring ist ein Symbol deiner Jungfräulichkeit und der Kampf ist real! Deine Jungfräulichkeit ist ein Schatz, der in der Höhle deines Lebens verborgen ist, beschützt durch den Helm deiner Tugenden, Werte und Prinzipien. Reinheit ist wie der Ring in der Geschichte, weil es eine Offenbarung von etwas Tieferem ist, etwas, das viel mehr wert ist als seine eigentliche Schönheit. So wie der Ring, so ist Jungfräulichkeit etwas Schönes, aber sie kann dem atemberaubenden, reinen Wasser des reinen Herzens nicht das Wasser reichen, aus dem die Jungfräulichkeit kommt.

Das Schlachtfeld

So wie bei jeder Tugend, gibt es immer einen realen Kampf, um sie in den Händen seines rechtmäßigen Besitzers zu behalten. Der tatsächliche Wert dieses Schatzes kann an dem Kampf bemessen werden, den es erfordert, um ihn heil vom Schlachtfeld in die Hochzeitssuite zu bekommen. Je größer der Kampf, umso bedeutender ist deine Reinheit, wenn du schließlich mit deinem Geliebten im Bett liegst. Dies ist der Grund, warum du einen Sexualtrieb hast, bevor du Sex haben solltest - damit du deinem Geliebten etwas geben kannst, wofür du kämpfen musstest. Aber der Krieg ist nach deiner Hochzeitsnacht nicht vorbei. Auf keinen Fall! Die Strategie verändert sich, aber der Kampf bleibt bestehen, während dem du dafür kämpfst, deine Gefühle für die Frau oder den Mann deiner Träume unbefleckt und unverdorben zu erhalten, verwechselt die Welt um dich herum, Liebe mit Lust.

Aber die großartige Nachricht ist, dass der Kampf, dich rein zu halten, einen göttlichen Zweck erfüllt, egal ob du verheiratet oder Single bist. Es gibt eine alte Geschichte eines alten, reichen König namens David, die erklärt, was ich meine. Dieser König hatte Mist gebaut und kam mit seinem Gott in Schwierigkeiten. Ein Prophet namens Gad kam in sein Haus und sagte ihm, dass wenn er seine Beziehung mit Gott in Ordnung bringen wolle, er auf dem Grundstück eines Mannes mit Namen Araunah einen Altar bauen sollte. Also ging der König zu dem Haus dieses Mannes und sagte ihm, dass er sein Grundstück kaufen wolle, damit er das Land seinem Gott weihen und einen Altar darauf bauen könne. Aber Araunah war ein großzügiger,

reicher Mann und er sagte König David, dass er das Grundstück umsonst haben könne. An diesem Punkt bekommt die Geschichte Tiefgang. David sagte etwas Erstaunliches zu Araunah. Er sagte im Wesentlichen: „Ich werde den vollen Preis dafür bezahlen, denn ich möchte Gott niemals etwas schenken, das mich nichts kostet." (siehe 2.Samuel 24,18-24). So wie Johnny verstand der König, dass er seinem Gott ein Stück seiner Seele geben musste und es ihn daher etwas kosten würde. Das Grundstück wurde eine Metapher, ein Liebesbrief, ein äußeres Zeichen inwendiger Leidenschaft. Du siehst, wahre Liebe keimt im Boden des Opfers, gedeiht im Garten der Hingabe und reift in einer dienenden Ehe. Liebe ist keine Liebe, bis es dich etwas gekostet hat, sie weiter zu geben.

Trophäen gewinnen

Diese ganze Idee, einen Preis zu bezahlen, den man nicht mit Dollar messen kann, erinnert mich an Trophäen. Wir vergeben in unserer Kultur aus den unterschiedlichsten Gründen Trophäen an Menschen - Buchstabierwettkämpfe, Ringkämpfe, humanitäre Bemühungen und Leistungen in Film und Musik. Aber diese Trophäen, so wie der Ring und Araunahs Grundstück, sind nur deshalb bedeutsam, weil sie den hohen Preis des Opfers repräsentieren. Demzufolge ist das Bedeutende der Trophäen nicht die Trophäe selbst, sondern die Geschichten, die sie repräsentieren - Geschichten über Sieg, harte Arbeit, hervorragende Leistungen, Kreativität und Opfer. Ohne die Geschichten sind sie nur ein Stück aus Metall, Plastik, Farbe oder Geschenkpapier.

Diese Sache wurde mir vor ein paar Monaten bewusst. Mein sieben Jahre alter Enkel, Elijah, kam in den Raum und trug eine Trophäe über seinem Kopf und schrie: „Opa, Opa, schau, was ich gewonnen habe! Schau, was ich gewonnen habe!" Er hatte gerade seine erste Fußballsaison beendet und hatte damit zum ersten Mal den Sieg geschmeckt.

Ich schaute auf die kleine Trophäe aus Plastik und sagte: „Elijah, du bist so fantastisch! Ich bin so stolz auf dich."

Er strahlte. „Ich weiß", sagte er stolz.

Die Trophäe konnte nicht mehr als ein paar Dollar gekostet haben, aber Trophäen werden nie in Dollar geschätzt. Hast du jemals von jemandem der NBA Meisterschaft, der World Series (nordamerikanische Baseball-Meisterschaft) oder Super Bowl Feier gehört, der über den Preis der Trophäe gesprochen hat? Keinesfalls, denn den Wert einer Trophäe misst man nicht in Dollar. Kein Athlet kämpft für den Preis einer Trophäe, denn es ist nicht die Trophäe, die dem Spiel Wert gibt, sondern es ist das Spiel, das den Wert der Trophäe bestimmt.

Aber wie wir alle wissen, sind manche Spiele einfach bedeutender und manche Trophäen wertvoller als andere, aufgrund des hohen Preises, den die Spieler bezahlt haben, um ihn zu gewinnen. Zum Beispiel ist eine der wertvollsten Trophäen der Sportgeschichte die Trophäe der NBA Meisterschaft im Jahre 1997. Am 11.Juni spielten die Chicago Bulls gegen Utah Jazz während des fünften Spieles der Playoffs. Die Bulls waren am verlieren und es waren nur noch 48 Sekunden zu spielen. Die Tatsache, dass Michael Jordan, der Superstar der Bulls, trotz Krankheit spielte, machte die Sache noch schlimmer. Er hatte eine

schwere Grippe, und ging immer wieder an die Seitenlinie, um sich zu übergeben. Bei jeder Auszeit spritzten die Ärzte Jordan intravenös Medikamente. Aber, trotz dieser Umstände, kämpfte sich Jordan mit einem Spielstand von 38 Punkten zurück und gewann so das Spiel gegen die Utah Jazz in letzter Sekunde. Während des gesamten letzten Viertels des Spiels waren alle Zuschauer, einschließlich der Jazz Fans, auf den Beinen, schrien und feuerten Jordan an. Die Bulls gewannen danach innerhalb von nur sechs Spielen die Meisterschaft.

Eine andere sehr wertvolle Trophäe ist die Goldmedaille der Olympischen Hockeymeisterschaft im Jahre 1980. Die Amerikaner hatten seit Jahren keine Goldmedaille mehr während der Olympischen Hockey-Meisterschaften gewonnen. Das erfahrene russische Team war gegenüber dem amerikanischen Team im Favoritenstatus. Aber, entgegen allen Erwartungen, kämpften sich die Amerikaner ihren Weg in die Play-offs gegen die Russen und als das Spiel vorbei war, hatten die Amerikaner gewonnen. Das amerikanische Team besiegte danach auch Finnland und gewann die Goldmedaille. Die Welt war verblüfft und die Amerikaner wurden überall gefeiert. Die meisten Amerikaner hatten sogar zuvor noch nie ein Hockey Spiel gesehen. Aber hier war es anders - es ging nicht um Hockey, sondern um Menschen, die ihre Chancen wahrnahmen, und einen viel stärkeren Gegner besiegten, indem sie das Unerwartete taten und den Preis gewannen.

Ich sagte eben, dass das Spiel den Wert einer Trophäe bestimmt. Wir wissen das, weil wir wissen, worum es beim Basketball oder Hockey geht. Man braucht dafür eine Menge körperliches Training und Teamwork, wenn man die NBA Meisterschaft oder eine olympische Medaille gewinnen möchte. Bei diesen besonderen Spielen machten diese Männer diese Leistung umso größer, indem sie einen höheren Preis bezahlten als viele ihrer Kollegen. Aber stell dir vor, was mit meinem Enkel, Michael Jordan, und all diesen Trophäen geschehen würde, wenn es jemandem gelingen würde, sie davon zu überzeugen, dass Fußball, Basketball und Hockey nur sinnlose, langweilige Spiele sind, nicht besser als Kuchen-Wettessen oder Mikado. Michael Jordan, das amerikanische Hockey Team und mein Enkel würden sich andere Spiele suchen und die Trophäen würden in irgendeinem Keller Staub ansetzen.

Leider leben wir in einer Kultur, die sexuelle Reinheit nicht mehr wertschätzt. Die Herausforderung mit Namen „bewahre deine Jungfräulichkeit" oder „warte bis zur Ehe" ist nicht mehr angesagt und den Gedanken, eine solche Herausforderung anzunehmen, halten viele Menschen für absurd und sogar ungesund. Andere von uns sind in Umgebungen aufgewachsen, wo es um Regeln und Religion geht und haben die „bewahre deine Jungfräulichkeit" -Sache jahrelang gehört, jedoch ohne eine gute Erklärung, warum sie dies tun sollten. Wir versuchen das Spiel zu spielen, aber gewinnen nicht, weil uns niemand sagt, dass es da eine Trophäe gibt, für die es sich lohnt, zu kämpfen.

Verlierer

Wenn du bisher versucht hast, deine Jungfräulichkeit zu bewahren und ein reines Leben zu führen, hast du möglicherweise festgestellt, dass dies viel mehr ein Kampf ist

als ein Spiel. Für die meisten von uns bedeutet es nicht nur unseren Sexualtrieb zu beherrschen. Die Welt in der wir leben gleicht einem Minenfeld, das uns herausfordert den „Berg der Heiligkeit" zu erreichen und dort zu bleiben. Wir sind von allen Seiten umgeben von aggressiven Botschaften, die dazu bestimmt sind, dass wir Liebe mit Lust verwechseln sollen, und wir sind umgeben von einer Menge Menschen, die diesen Lügen Glauben schenken. Infolgedessen verstehen diese getäuschten Menschen nicht, dass sie sich überhaupt in einem Krieg befinden. Sie sind unwissende Lämmer in einem Land von gefräßigen Wölfen und sie werden ohne große Mühe verschlungen. Sie unterliegen dem Gruppenzwang und ihrem starken Sexualtrieb, schlafen mit jedem, verlieren ihre Selbstachtung und fragen sich, warum sie niemand bewundert. Wenn sie schließlich jemand Besonderen finden, haben sie nichts Wertvolles, was sie ihm oder ihr geben könnten, da sie alle bereits „verbraucht" sind. Ihre Trophäe liegt in Scherben, ihr Preis ist pulverisiert und ihre Reinheit liegt auf den Straßen von Gruppenzwang und Armut. Ihre Krone ist verloren, von der Menge zertrampelt und befleckt von einer Schuld, die lange fortbesteht, nachdem ihre Liebhaber sie verlassen und ein weiteres Stück ihres Herzens mitgenommen haben.

Natürlich wünschen sich die meisten dieser Menschen diese Art der Sexualität, weil sie auf der Suche nach Liebe und Romantik sind. Aber sie ist getrieben von Lust, nicht Liebe, und so lässt sie sie verletzt und hungriger zurück als zuvor, anstatt ihre Herzen zu befriedigen. Und so endet die Suche, die für so viele als ein aufregendes Abenteuer begann, in einsamen Nächten und schmerzvollen Tagen. Nach Reue folgt Ablehnung und es beginnt ein Kreislauf, in dem man versucht, den Schmerz zu verdrängen. In ihren Bemühungen, den Schaden, der durch gelegentlichen Sex verursacht wurde, zu leugnen, müssen die meisten Menschen sich nicht nur immer wieder sagen, dass sie okay sind, sondern sie machen auch jeden nieder, der es richtig macht. Dies ist der Grund, warum die Welt diejenigen belächelt, die ihre Jungfräulichkeit bis zur Ehe bewahren. Sie ertragen die Vorstellung nicht, dass manche ihre Trophäe bewahren, während ihre schon lange nicht mehr da ist.

Im Grunde sind die einzigen Menschen in der Welt, die keine Trophäen mögen, diejenigen, die verlieren. Für jemanden, der nicht gewinnen kann, ist die Trophäe ein Zeichen dafür, dass er oder sie das Rennen verloren, das Ziel nicht erreicht, oder während des Kampfes zu früh aufgegeben hat. Verlierer geben vor, dass sie keine Trophäen brauchen. Sie machen sich gerne über Menschen lustig, die gewinnen oder um den Preis kämpfen möchten, und sie geben Gewinnern erniedrigende Namen wie „Streber", „Schleimer" oder „Arschkriecher". Aber der wahre Grund ist der, dass Verlierer einfach nicht den Schneid haben zu kämpfen, und jedes Mal, wenn ein Anderer gewinnt, werden sie wieder daran erinnert, dass sie verloren haben. Deshalb arbeiten Verlierer hart daran, andere Menschen herunter zu ziehen, damit sie sich selbst nicht so schlecht fühlen. Neid liebt Gesellschaft! Gewinner spielen in Teams aber Verlierer verstecken sich in Menschenmengen. Menschenmengen enthalten selten Gewinner, denn Gewinner schüchtern sie immer ein. Menschenmengen sabotieren häufig ihre Beziehung mit Gewinnern, damit sie großartige Menschen mit hohen Standards nicht ertragen müssen, welche sie an ihr elendes Leben der Ablehnung erinnern.

David und Goliath

Die berühmte Geschichte von David und Goliath erinnert mich an die Herausforderung, rein zu bleiben. David, 15 Jahre alt, und jüngstes Kind in seiner Familie, wurde von seinem Vater beauftragt, seinen älteren Brüdern, die sich auf dem Schlachtfeld befanden, Essen zu bringen. Seine Brüder gehörten zur israelischen Armee, die sich seit 39 Tagen vor Goliath versteckt hatte. David kam gerade rechtzeitig und hörte wie Goliath aufstand, die israelische Armee verhöhnte, und sie zu einem Kampf herausforderte. Und so fragte David den Mann neben sich, wer dieser große, unflätige, arrogante Kerl war und was die Belohnung wäre, ihn zum Schweigen zu bringen. Als Eliab, Davids ältester Bruder, zufällig mithörte, wie David dem Kerl in den Hintern treten wollte, sagte er, dass er nach Hause gehen und mit seinen Schafen spielen solle. Niemand möchte einen kleinen Bruder, der einen Riesen tötet, vor dem er selbst 39 Tage davon lief. Manchmal musst du es zuerst mit deinen Brüdern aufnehmen, bevor du die Goliaths in deinem Leben schlagen kannst (siehe 1.Sam 17,1-58).

Dies trifft vor allem auf diejenigen zu, die ihren riesigen Sexualtrieb unterdrückt und Leidenschaft zu ihrem Sklaven gemacht haben, anstatt sie zu beherrschen. Sehr wenige Menschen, die ihre eigene Reinheit bereits im Kampf auf dem Anmach-Berg verloren haben, wollen noch mit Jungfrauen herum hängen, die das Abzeichen ihres Mutes zur Schau stellen.

Vom Tellerwäscher zum Millionär

Wir alle lieben die „VomTellerwäscher zum Millionär"-Geschichten: das arme Mädchen, das groß herauskommt oder der Außenseiter, der den großen Champion schlägt. Wir bewundern Menschen wie Aschenputtel, die ihre böse Schwiegermutter besiegte, oder Esther, das Sklavenmädchen, die zu einer schönen Prinzessin wurde, und den Lauf der Geschichte in einem fremden Land veränderte. Aber wir vergessen häufig, dass diese Menschen eigentlich geborene Verlierer waren und dass dies so hätte bleiben können. Das Aschenputtel hätte sich nach Jahren harter Arbeit in eine bittere, gekrümmte Jungfer verwandeln können. Und Esthers Furcht hätte in einem unvorstellbaren Holocaust enden können, einschließlich ihres eigenen Unterganges. Aber sie wurden zu Gewinnern, indem sie nicht zuließen, dass ihre Umstände, ihr Versagen oder Handlungen anderer ihr Schicksal bestimmten, sondern in ihre hohe Berufung wahrer Liebe, Demut, Opferbereitschaft und Heldentum kamen. Lass nicht zu, dass deine Vergangenheit deine Zukunft bestimmt. Gott ist immer da, wann immer du bereit bist, ein Gewinner zu werden. Es gibt keine Lage, die Er nicht ändern, kein Kartenblatt, mit dem Er nicht gewinnen könnte, und keinen noch so schlimmen Fehler, keine noch so schlimme Sünde, dass Er dich nicht völlig wieder her stellen könnte.

Der berühmte Apostel Paulus wusste, was es bedeutete, ein Verlierer zu sein. Fast so wie die Nazis in Deutschland ermordete er Menschen im Namen seiner Religion, zog sie auf die Straßen und steinigte sie, während ihre Familien zusahen.Voller Hass und Wut brachte er Menschen wie ein wildes Tier zur Strecke, terrorisierte unschuldige Frauen,

und ließ Kinder als Waisen zurück. Aber dann, eines Tages, sah er das Licht. Sein Leben stellte sich über Nacht auf den Kopf und er wurde plötzlich zu einem Gewinner. Inmitten einer seiner schwersten Kämpfe schrieb er diese ermutigenden Worte: „Wir sind von allen Seiten bedrängt, aber wir ängstigen uns nicht. Uns ist bange, aber wir verzagen nicht. Wir leiden Verfolgung, aber wir werden nicht verlassen. Wir werden unterdrückt, aber wir kommen nicht um." (2.Kor 4,8-9)

Wenn du im Kampf um deine Reinheit versagt hast, sei nicht entmutigt. Schlage das letzte Kapitel dieses Buches auf und lies die Geschichte von Grace.

Jills Geschichte

Ich besuchte die High School in den frühen 1970ern, mitten in der sogenannten „Sexuellen Revolution". Das Motto dieser Zeit war: „Wenn du nicht mit dem zusammen sein kannst, den du liebst, liebe den, mit dem zusammen sein kannst."[1] Natürlich hatte dieser Song nichts mit Liebe zu tun. In Wirklichkeit bedeutete es: „Schlaf mit jedem, der will, sei niemandem gegenüber loyal." Es gab mehrere Tausend Schüler in unserer High School, aber ich glaube, du konntest die Anzahl der Jungfrauen an zwei Händen abzählen.

Jill Jones (nicht ihr wirklicher Name) war das beliebteste Mädchen der Schule. Sie war schön, hatte langes, blondes Haar, blaue Augen und einen tollen Körper. Sie war stets die am besten gekleidete Frau auf dem Campus. Unse-

1   Crosby, Stills, Nash and Young, „Love the One You're With (Text und Musik von Stephen Stills), 4 Way Street (Live) (Atlantic/Wea Records, 1971, 1992)

re Schule war ethnisch sehr verschieden und es gab viele Vorurteile, aber Jills Beliebtheit überstieg irgendwie die Spannungen zwischen den Hautfarben. Jeder mochte und achtete sie. Aber die tollste Sache an Jill war ihre Jungfräulichkeit und jeder wusste dies. Sie verhielt sich auf eine noble Weise, wie eine Prinzessin, wie jemand Besonderes. Ich liebte sie wie eine Schwester und sah zu ihr auf.

Dann, eines Tages, nach dem Sportunterricht, befand ich mich im Umkleideraum und zog mich um. Ich hörte wie sich zwei Jungs unterhielten. Einer sagte: „Gestern Abend nahm ich Jill mit zu einer Party. Ich machte sie betrunken und legte sie flach!" (Wie du dir vorstellen kannst, drückte er es ein wenig deutlicher aus.)

Der andere sagte: „Wow, echt??"

Ich war wie versteinert. Ich wusste nicht, was ich denken oder sagen sollte. Ich rannte nach Hause, warf mich auf mein Bett und weinte stundenlang.

Ich wusste nicht genau, warum ich weinte, aber mein Herz war zerbrochen und mein Kummer machte mich sprachlos. Heute verstehe ich, dass Jill unsere Hoffnung war. Sie war wie ein Leuchtturm inmitten eines schweren Sturmes, ein Monument für das Unmögliche. Sie war der Außenseiter im Kampf für Gerechtigkeit und insgeheim hatten viele von uns, die noch Jungfrauen waren, oder unsere Reinheit zurückhaben wollten, sie angefeuert zu gewinnen.

Aber es wurde noch schlimmer. Innerhalb weniger Monate begann Jill sich anzuziehen wie eine Schlampe. Ihre dynamische Haltung von einst verwandelte sich in

Traurigkeit und Kummer. Sie verlor ihr Selbstvertrauen, ließ voller Scham ihren Kopf hängen, zerlumpt und mit ungekämmtem Haar. Schon bald rauchte sie und hing mit einer Gruppe Drogenabhängiger herum. Sie hatte ihre Selbstachtung verloren und ihre Trophäe. Statt sie wieder zu erlangen, trat sie darauf und sie zerfiel in viele Teile.

Ich habe Jill an unserem 30 Jahre Klassentreffen wiedergesehen. Sie war dreimal verheiratet gewesen und war durch den Lebenssumpf gezogen worden, hatte böse Männer kennengelernt, Penner, ohne jedwede Tugenden. Aber zum Glück erfuhr ich so auch, dass ihre Geschichte hier nicht endete. Später in ihrem Leben fand Jill den Herrn. ER gab ihr die Kraft und die Stärke, die sie brauchte, um aus diesem Sumpf herauszukommen. ER befreite sie vom Staub, stellte ihre Reinheit und ihre Trophäe wieder her. Sie war jetzt älter und ihre Schönheit im Laufe der Zeit weniger geworden. Aber sie hatte wieder Selbstachtung, ihr stattlicher Gang war zurück und in ihren Augen war wieder der alte Glanz. Ich werde Jill nie vergessen. Für mich ist sie mehr als eine Erinnerung. Sie ist eine Lebenslektion, eine Geschichte vom Tellerwäscher zum Millionär und vom Millionär zum Tellerwäscher. Sie wird für immer in meiner Erinnerung bleiben - als ein Zeichen für die Zerstörung, die durch Lust und Schande verursacht wird, aber noch mehr als ein Zeugnis für die größere Macht wahrer Liebe und Gnade.

KAPITEL 3

Der Fluchtweg

Es war im Jahre 1969, auf dem Höhepunkt der Sexuellen Revolution, und ich begann gerade, die High School in der Bay Area von San Francisco zu besuchen. Eins der beliebtesten Mädchen der Schule saß neben mir im Algebra Unterricht. Ich wusste noch nicht, dass ich wegen ihr durch die Algebra Prüfungen fallen würde.

Mary (nicht ihr wirklicher Name) war Leiterin der JV Cheerleader. Sie hatte lange braune Haare, blaue Augen und eine tolle Figur. Ich konnte nicht aufhören, sie anzusehen. Wann immer sie in meiner Nähe war, war mein Kopf wie leer. Ich stand so sehr auf sie, dass ich jede Nacht in meinem Bett lag und mir vorstellte, wie es wäre, mit ihr auszugehen.

Mehrere Monate vergingen, und schließlich hatte ich den Mut, sie zu fragen, ob ich mit ihr zum Unterricht gehen könne. Sie sah so wunderbar aus. Die Monate vergingen und ich wurde immer mutiger. Schließlich fragte ich sie, ob sie meine Freundin sein wollte. Und sie sagte ja! Ich konnte nicht glauben, dass ich mit einer der beliebtesten Mädchen der Schule zusammen war.

Eines Tages sagte ich Mary, dass ich sie nach Hause begleiten würde und erfuhr dann, dass sie zwei Meilen von der Schule entfernt wohnte, in der entgegengesetzten Richtung von meinem Zuhause. Als an diesem Tag der letzte Gong ertönte, rannte ich in ihren Klassenraum, um sie zu begrüßen. Ich war so voller Vorfreude, mit ihr zusammen zu sein. Als sie aus dem Klassenraum kam, gab sie mir ihre Hand. Ich nahm sie und wir begannen, den langen Weg zu ihrem Zuhause zu gehen. Ich fühlte mich wie ein „Mann", als wir Hand in Hand die belebte Straße hinunter liefen. Als wir fast da waren schien die Zeit still zu stehen.

„Meine Eltern sind heute nicht zu Hause", sagte sie mit einem albernen Grinsen.

Ich verstand nicht, warum sie mir dies sagte. Ich war wegen ihr so berauscht, dass ihre Worte über meinen Kopf hinweg gingen. Schließlich erreichten wir die Straße, in der sie wohnte.

„Meine Eltern haben gerade ein neues Wasserbett gekauft", sagte sie, und brach so wieder das Schweigen.

Jetzt erzählt sie mir noch etwas über die Möbel, dachte ich. Es ergab für mich keinen Sinn. Wollte sie nur Small

Talk machen, oder gab es da etwas Besonderes an den Möbeln ihrer Eltern? Ich kapierte es nicht.

Ich begleitete sie bis zur Haustür und wir standen auf der Veranda und schauten uns in die Augen. Als ich mich zu ihr beugte, um ihr einen Abschiedskuss zu geben, sagte sie in einem verführerischen Ton: „Möchtest du rein kommen und das Wasserbett meiner Eltern ausprobieren?"

Ihre Worte trafen mich wie eine Tonne voller Ziegelsteine. Ich war fassungslos. Ich stand einfach da und starrte sie an. Ich versuchte etwas zu sagen, aber die Worte kamen einfach nicht über meine Lippen. Ich wusste nicht, was ich denken sollte. Es war nicht so, dass ich sie nicht wollte - und wie ich sie wollte! Aber es war etwas in mir, das nicht wollte, dass es so geschah. Mein Kopf war voller Gedanken, die aus allen Richtungen kamen und meine Seele war überwältigt von Emotionen. Mein Herz schlug mir bis zum Hals. Ein Teil von mir sagte: Eins der beliebtesten Mädchen der Welt möchte mit dir schlafen. Hey, du wirst wahrscheinlich zu den beliebtesten Jungs der Schule gehören. Du kommst endlich weg von dem Weg der Reinheit und gehörst zu den ganz Großen! Aber ein anderer Teil meines Gehirns schrie: Geh weg von hier, solange du kannst! Du hast deine Reinheit so lange bewahrt. Lass nicht zu, dass diese Frau deine Werte zerstört!

Der Kampf in mir war groß. Ich stand da eine gefühlte Ewigkeit. Dann, ohne Vorwarnung, rannte ich los. Ich rannte die gesamten vier Meilen ohne anzuhalten. Ich war so beschämt und verwirrt. Ich konnte die ganze Nacht kaum schlafen, fragte mich, was sie wohl von mir denkt und, was noch wichtiger war, was sie unseren Klassenkamera-

den erzählen würde. Ich stellte mir immer wieder vor, wie ein Banner mit „Kris Vallotton ist ein Schwachkopf" über dem Schulrasen hing. Am nächsten Morgen hatte ich nicht den Mut zur Schule zu gehen, spielte den Rest der Woche krank und blieb zu Hause. Als ich wieder zur Schule ging, meldete ich mich für den Rest des Jahres bei der Algebra Klasse ab, damit ich Mary nicht begegnen würde.

Glücklicherweise sprach sie mich nach dem Zwischenfall in den folgenden drei Jahren Schule nie darauf an. Es gab nie ein einziges Gerücht darüber in der Schule und unsere gemeinsamen Freunde sprachen nie mit mir darüber. Zurückblickend denke ich, dass Mary sich mehr Sorgen darüber machte, dass ich sie bloßstelle, als ich darüber, dass man mich einen Schwachkopf nannte.

Aber fünf Jahre später, in meiner Hochzeitsnacht in Santa Cruz, Kalifornien, in einem Hotelzimmer mit Strandblick, hatte ich eine vollständig andere Wahrnehmung. In dieser Nacht fühlte ich mich überhaupt nicht wie ein Schwachkopf. Nein, ich fühlte mich wie ein Sieger. Ich hatte Mary widerstanden, den sozialen Elementen die Stirn geboten und es geschafft, der Grube der Zerstörung zu entkommen. Bis heute weiß ich wirklich nicht, ob es ein göttliches Eingreifen war, mein Wunsch, rein zu bleiben, oder die Angst zu versagen, die mich weglaufen ließ. Aber was immer es auch war - ich kann heute voller Ernst und Dankbarkeit sagen, dass ich nur mit einer Frau in meinem Leben Sex hatte, mit der Frau meiner Träume, meiner Ehefrau seit 35 Jahren, Kathy.

Leben mit einer Bestimmung

Obwohl ich vielleicht der Falle der sexuellen Freizügigkeit während der High School entkommen bin, ist mir sehr wohl bewusst, dass die Sexuelle Revolution ihren Tribut gefordert und die sexuellen Moralvorstellungen unserer Kultur verschoben hat. Fast jeder Heranwachsende in unserer Gesellschaft wird mit weit mehr Gelegenheiten konfrontiert, sexuell freizügig zu sein, als es bei mir der Fall war und unser Bildungssystem arbeitet mit Feuereifer daran, unser Gewissen zu betäuben und schafft es sogar, die natürlichen Überzeugungen in Bezug auf Sex zu zerstören, mit denen wir aufwachsen. Aus diesem Grund glaube ich, dass junge Menschen heute ausgerüsteter sein müssen, wenn sie diese sexuelle Kultur umschiffen wollen, wie ich es war. Kurz gesagt: sie brauchen eine Vision.

Es gibt ein altes hebräisches Sprichwort, das sagt: „Wo keine Vision ist, wird das Volk wild und wüst; aber wohl dem, der auf die Weisung achtet!" (Sprüche 29, 18). Die englische ‚Message Bible' überträgt das so: „Wenn Menschen nicht sehen können, was Gott tut, stolpern sie über sich selbst; aber wenn sie sich an das halten, was Er offenbart, werden sie gesegnet." Du fragst dich vielleicht „Was hat das mit Reinheit zu tun?" Gute Frage. Wenn die Bibel hier über Gesetz redet, bezieht sie sich nicht nur auf die zehn Gebote. Sie spricht mehr allgemein über das Gesetz der Selbstbeherrschung. In anderen Worten: wenn wir eine Vision für unser Leben haben, halten wir unsere Wünsche zurück, um die Vision zu erlangen. Aber wenn wir keine Vision haben, kommen wir um oder stolpern, weil wir

am Ende all unsere Energie dafür aufwenden, Vergnügen zu finden, oder daran arbeiten, keine Schmerzen zu haben.

Vielleicht ist es hilfreich, wenn ich euch ein Beispiel gebe. Angenommen, ich bin es leid, übergewichtig zu sein, und ich entscheide mich, einen tollen Körper zu haben. Also gehe ich in das Fitnesscenter in meiner Nähe und trainiere einige Stunden lang. Aber am nächsten Morgen wache ich auf und habe das Gefühl, ein LKW hätte mich überfahren. Es gibt nur eine Sache, die mich dazu bringt, Tag für Tag ins Fitnesscenter zu gehen, nämlich die Vision, einen tollen Körper zu bekommen. Aber ohne eine Vision werde ich fortfahren, meine Gesundheit zu sabotieren, indem ich dem Verlangen meines Körpers nach Bequemlichkeit nachgebe. Vision gibt dem Schmerz einen Sinn! Es ist die Vision, die mich dazu veranlasst, mein Essverhalten zu beherrschen, meinen Tagesplan zu überarbeiten und meinem Leben eine neue Priorität zu geben, damit der Traum, einen tollen Körper zu bekommen, wahr wird. Ich werde nie einen tollen Körper bekommen, wenn ich mir nur wünsche, nicht dick zu sein. Es ist die Vision, die mir die Kraft gibt, mein Leben neu zu ordnen, damit ich meine Ziele erreichen kann.

Eine der größten Entscheidungen, die wir bezüglich unserer Vision treffen müssen, ist, wie wir uns selbst sehen. Daher ist die eine Million Dollar Frage: Wer bist du? Unser Verhalten ergibt sich aus der Vision, die wir von uns selbst haben. Wenn wir uns einmal dafür entschieden haben, wer wir sind, dann werden sich ganz natürlich auch unsere Handlungen, Haltungen und unser Verhalten ändern, um unsere Person sichtbar zu machen. Aber wenn wir diese Frage in unseren Herzen nicht klären, dann passieren sehr oft zwei Dinge: Als Erstes beginnen wir, nach anderen Menschen Ausschau zu halten, die uns sagen, wer wir sind. Dies führt dazu, dass wir zu dem werden, wie uns andere in ihrer Vorstellung sehen. Schon bald befinden wir uns an einem sehr gefährlichen Ort, an dem wir enge Beziehungen entwickeln, damit wir von ihnen Kraft und Selbstwert bekommen. Ich meine nicht, dass uns andere Personen nicht ermutigen können, aber wenn wir dafür leben, die Vision eines anderen für unser Leben zu erfüllen, geben wir die Verantwortung für unsere persönlichen Entscheidungen in die Hand eines anderen. Daraus folgt die ungesunde Gewohnheit, anderen gefallen zu wollen, statt aus den Werten heraus zu leben, welche in unserer persönlichen Vision verwurzelt sind.

Dies gilt vor allem für romantische Beziehungen. Es ist sehr wichtig, dass wir die Frage „Wer bin ich?" beantworten, bevor wir mit jemandem eine solche Beziehung eingehen. Sonst werdet ihr in der Beziehung voneinander abhängig sein, statt einander zu ergänzen. Eine Beziehung, in der beide Partner voneinander abhängig sind, entsteht jedes Mal wenn unser Glück, unser Befinden oder unsere Identität in erster Linie von einer anderen Person abhängig ist. Wenn wir anderen diesen Platz in unserem Leben geben, werden sie in einer Beziehung so stark, dass sie Gottes Platz einnehmen. Dies geschieht meistens dann, wenn wir aus den Augen verlieren, wer wir sind, und wir beginnen, eine Liste voller Erwartungen an andere aufzustellen, damit wir uns wichtig, bedeutend oder stark fühlen. Aber in Wirklichkeit kann uns niemand

auf Dauer glücklich machen oder uns das Gefühl geben, bedeutend zu sein. Glück kommt aus dem Inneren und wahre Bedeutung entsteht, wenn wir Verantwortung für unsere innere Welt übernehmen.

Das Zweite was passiert, wenn wir keine Vision für uns selbst haben, ist, dass wir ohne Selbstbeherrschung leben. Unser Verhalten ist verkauft in die Sklaverei unserer Emotionen und unsere Emotionen werden zu einem Zuchtmeister, der uns vorschreibt, wie wir uns zu verhalten haben. Unser Leitmotiv ist: „Wenn es sich gut anfühlt, mach es", und wir achten selten darauf, dass unser heutiges Verhalten unsere Zukunft beeinflusst, ganz zu schweigen die Leben derer, die wir lieben.

Es gibt bei diesem Thema keinen Mittelweg. Entweder übernehmen wir die Verantwortung, uns selbst zu kennen, und fällen Entscheidungen, die mit unserer Identität übereinstimmen, oder wir übergeben diese Verantwortung in die Hände anderer, sind abhängig von unserer körperlichen Befindlichkeit oder anderen Einflüssen. Wenn wir Letzteres tun, enden wir unweigerlich in Gefangenschaft, kontrolliert durch äußere Kräfte. Aber wenn wir eine Vision für unser Leben haben, werden wir zu freien Menschen, die aus ihren Werten heraus leben, um die Vision zu ergreifen. Freie Menschen können mit Freiheit umgehen, weil sie durch Übung einen Charakter entwickelt haben, der aus ihren Wertvorstellungen kommt. Sie sind keine Sklaven ihrer physischen Bedürfnisse, sondern sie haben ihre Körper trainiert, um die größeren Wünsche, auf Grundlage ihrer Wertvorstellungen, zu erfüllen

Tatsache ist, dass der Kampf um deine Jungfräulichkeit so stark ist, dass du eine Vision brauchst, um zu gewinnen. Ich meine damit, dass du dich entscheiden musst, Jungfrau zu sein bevor du die Suche nach dem Mann/der Frau deiner Träume beginnst. Du kannst nicht einfach warten, bis du einen Totalschaden erleidest, um zu entscheiden, wer du sein möchtest.

Aus deinen Wertvorstellungen heraus leben

Vor Jahren las ich ein Buch über das Leben des Benjamin Franklin. Der Autor erzählte, dass Franklin sich früh entschied, wer er in seinem Leben sein wollte und 13 Tugenden aufschrieb, die ihn in allen seinen Entscheidungen leiten sollten, damit er zu dieser Person wird. Benjamin Franklin wollte nicht, dass seine Emotionen, seine Umstände oder der Druck, anderen zu gefallen, bestimmten, wie seine Bestimmung, seine Persönlichkeit oder sein Erbe aussieht.[2] Ich wurde von der Idee, aus meinen Wertvorstellungen anstatt aus meinen Lebensumständen zu leben so inspiriert, dass ich meine eigene Werte-Liste verfasste. Der Prozess, mir vorzustellen, wozu ich geschaffen und berufen wurde, und diese Liste meiner Wertvorstellungen zu verfassen, um zu dieser Person zu werden, war so aufregend. Hier sind einige meiner Werte - vielleicht helfen sie dir, dich auch zu inspirieren:

---

2 http://www.ushistory.org/franklin/autobiography/page38.htm.

- Ich werde Gott ZUERST dienen und IHN immer ehren, sowohl im Leben als auch im Sterben!

- Ich werde ehrlich, treu, vertrauenswürdig, und ein Mann sein, der sein Wort hält, was auch immer es kostet!

- Ich werde meinen Werten treu sein, egal wie viel es mich kostet, und sollte ich mal versagen, werde ich sofort Buße tun!

- Ich werde Menschen immer mit Respekt behandeln, ob sie Freunde oder Feinde sind, denn sie sind geschaffen zum Bilde Gottes!

- Ich werde danach streben jeden zu lieben, unabhängig von unterschiedlichen Meinungen, Haltungen und Überzeugungen und unabhängig davon, wie er mich behandelt!

- Ich werde meiner Frau treu sein, sowohl in Gedanken als auch in Taten, bis in Ewigkeit!

- Ich werde leben, um die kommenden Generationen zu segnen und zu bevollmächtigen und will drei Generationen ein Erbe im Geistlichen und Natürlichen hinterlassen!

- Ich werde Dienste nie des Geldes wegen übernehmen und werde mich für keinen Preis „kaufen" lassen. Ich will mich nur von meinen geistlichen Überzeugungen motivieren lassen und werde für meinen Unterhalt auf Gott vertrauen. Ich schwöre, großzügig zu sein, was auch immer meine eigenen persönlichen Umstände sind!

- Ich werde mein Leben leben, um das Beste aus Menschen hervorzubringen und sie in eine Begegnung mit dem wahren, lebendigen Gott zu bringen!

Werte helfen uns, von innen nach außen zu leben, anstatt von außen nach innen. Ich lebe nicht länger nach den Regeln anderer Menschen. Stattdessen lebe ich durch die Werte, die meine Haltungen beeinflussen, welche wiederum meine Entscheidungen bestimmen. Entscheidungen bestimmen mein Verhalten. Mein Verhalten wiederum hat Auswirkungen auf meine Persönlichkeit und meine Persönlichkeit führt mich in meine Bestimmung.

Grenzen setzen

Das Leben wird viel einfacher, wenn du dich einmal entschieden hast, wer du sein sollst. Alles was du tun musst, ist nach deinem Glauben zu leben. Sobald du begonnen hast, dich selbst so zu behandeln, als hättest du deine Berufung verinnerlicht, weißt du, dass du auch wirklich an deine eigene Berufung glaubst.

Du vermittelst anderen Menschen, wie sie sich in deiner Gegenwart verhalten sollen dadurch, wie du dich selbst behandelst. Wenn in deinem Haus Chaos herrscht (der Rasen nicht gemäht ist, auf dem Hof überall Schrottautos herum stehen, und dein Haus voller Müll ist) und ich dich besuchen komme, wird es mich kaum Überwindung kosten, meine Füße auf deinen Couchtisch zu legen, selbst wenn ich es bei mir selbst daheim niemals tun würde - bei dir würde ich es tun. Stell' dir aber vor, du wärst ein ziemliches Schwein und kämest in mein Haus, das aufgeräumt

und sauber ist - ich bin mir sicher, die von mir geschaffene Umgebung wird dein Verhalten beeinflussen.

Mit anderen Worten: Meistens behandeln dich die Leute so, wie du dich selbst behandelst. Wenn du dich selbst schlecht behandelst, dann lädst du andere Menschen ein, das Gleiche zu tun. Wenn du dich aber selbst wie einen Prinzen oder eine Prinzessin behandelst, werden andere dich auch so sehen.

Ich kann euch nicht sagen, mit wie vielen Menschen ich in den vergangenen Jahren gesprochen habe, die Dinge sagen wie: „Niemand respektiert mich", „Niemand mag mich" oder „Niemand will mein Freund/meine Freundin sein". Was sie nicht merken ist, dass sie sich selbst nicht mögen und respektieren. Sie behandeln sich selbst nicht wie einen guten Freund, aber sie wollen, dass andere mit ihnen befreundet sind. Das kann nie funktionieren. Wir sagen Menschen nicht nur mit unseren Worten, was sie über uns denken sollen, sondern durch die Umgebung, welche wir um uns geschaffen haben und durch die Art und Weise, wie wir auf uns selbst aufpassen.

Natürlich gibt es - bildlich gesprochen - immer ein paar Menschen auf der Welt, die so armselig sind, dass sie Freude daran haben, Müll auf den Hof anderer zu werfen und ihr Zuhause in Unordnung zu bringen. Deshalb ist es so wichtig, dass wir in unserem Leben Grenzen setzen, welche wir und andere nicht übertreten dürfen. Diese Grenzen sind unsere Kriegsregeln und Gesetze der Einschränkung, die von unseren Werten bestimmt werden. Wir entwickeln diese, um unsere Investition in die Person zu bewahren, für die wir so hart kämpfen.

Es gibt verschiedene Wege, wie wir kommunizieren können, wo unsere Grenzen sind. Erstens vermitteln wir sie sowohl durch unsere Worte, die wir aussprechen und durch die Worte, denen wir zuhören wollen. Zweitens, teilen wir sie durch unser Verhalten mit und dadurch, wie wir anderen erlauben, sich in unserer Gegenwart zu verhalten. Sie kommen vor allem ans Licht durch die Entscheidungen, die wir unter Druck fällen. Und schließlich definieren wir unsere Grenzen durch die Menschen, mit denen wir Zeit verbringen möchten und denen wir erlauben, uns zu beeinflussen. Die Bibel sagt: „Schlechter Umgang verdirbt gute Sitten" (1.Kor. 15,33b). Es ist wahr, dass wir durch unsere Freundschaften erkannt werden. Das bedeutet nicht, dass wir keine Freundschaften zu bestimmten Personen haben dürfen, aber die Frage, die wir uns stellen müssen ist: „Wer beeinflusst wen?" Wenn unsere Freunde es ablehnen, unsere Grenzen zu akzeptieren und fortfahren, unseren „Hof" zu verunreinigen, dann müssen wir ihnen sagen, dass ihr Verhalten inakzeptabel ist. Wenn sie sich weiter wie Idioten verhalten, dann müssen wir uns entscheiden, ob wir Beziehungen mit Menschen haben wollen, die unsere Werte nicht akzeptieren.

Die Wahrheit ist, dass einige von uns es so nötig haben, dass wir Freundschaften um jeden Preis halten möchten. Das Problem ist, dass wenn wir erst einmal dafür bekannt werden, dass wir uns mit Menschen abgeben, die von ihrer Lust kontrolliert werden, es schwierig wird, gesunde Menschen davon zu überzeugen, dass wir ihrer Freundschaft wert sind. Sehr wahrscheinlich werden sie uns ablehnen, um nicht selbst unter diesen Einfluss zu kommen. Häufig beginnt ein Verhaltensmuster in unserem Leben damit,

dass wir mit Menschen zusammen sind, die keine Vision, Grenzen, Integrität und Selbstachtung haben, weil niemand sonst uns haben möchte. Noch einmal, wenn wir Menschen erlauben uns nah zu kommen, die ständig unsere Werte missachten und unsere Grenzen brechen, dann müssen wir uns fragen, warum wir mit ihnen Zeit verbringen. Ich glaube, dass wir oft nicht den Mut haben, in den Spiegel zu schauen und uns die schweren, tiefgehenden Fragen zu stellen, die eine wirkliche Veränderung in unserem Leben bewirken.

Angle das, was du fischen willst!

Der Ort, *wo* du nach Romantik fischst und welchen Köder du benutzt, um einen Partner zu „fangen" sagt eine Menge darüber aus, nach welchen Werten du lebst. Wenn du dort fischst, wo es lauter Haie gibt, und du einen Köder benutzt, der nur für Haie bestimmt ist, dann sei bitte nicht schockiert, wenn du dann auch einen Hai fängst. Die Art des Köders, den du benutzt, bestimmt das, was du fängst. Ihr Damen, wenn ihr Männer mit eurem Hintern, Busen oder Bauchnabel gewinnen wollt, dann fischt ihr nach ihnen, indem ihr deren Sexualtrieb anheizt. Der Sexualtrieb des Mannes wird vor allen Dingen angeregt durch das, was er sieht. Bei Frauen dagegen wird er vor allem durch Berührung animiert. Wenn du also solche Köder benutzt, wirst du dir wahrscheinlich einen Mann angeln, der nicht nach deinen Werten lebt, sondern mit seinem Penis denkt.

Im Gegensatz zu dem beliebten Klischee in unserer Kultur gibt es tatsächlich Männer, die rein sind. Sie haben ihre Körper und ihre Sinne trainiert, um den Einschränkungen zu folgen, die in ihren Werten begründet sind. Und sie werden auch von solchen Frauen angezogen. Wenn du dich provokativ kleidest, glaubt solch ein Mann, dass du vor allem an Sex interessiert bist, und nicht an einer respektvollen Beziehung. Die Männer, die sich eine Frau mit Werten und Vorzügen über das Schlafzimmer hinaus wünschen, werden an niemandem interessiert sein, der nach Haien fischt. In Wirklichkeit wirst du solche Männer quälen, wenn du dich wie ein Victoria-Secret Model kleidest. Deshalb musst du dir selbst die Frage stellen: „Warum zieh ich mich so an?" Bist du innerlich so leer, nackt und bankrott, dass du einem solchen Mann nichts anbieten kannst?

Wenn es nicht zum Verkauf steht, dann mach auch keine Werbung

Es mag sich großartig anfühlen, wenn du Bewunderung und Aufmerksamkeit von Männern bekommst, weil du deinen Körper zur Schau stellst. Aber du solltest wissen und daran denken, dass diese Bewunderung nur oberflächlich ist. Es ist die gleiche Bewunderung, die sie für jedes andere schöne Objekt haben. Wenn du als Person bewundert und respektiert werden möchtest, dann musst du deinen Körper so präsentieren, dass er eine Nachricht sendet. Wenn die US-Notenbank das Geld von Banken abholt, sitzen die Fahrer nicht in einem Sportwagen mit offenem Verdeck und fahren durch die Stadt, um anzugeben. Nein, sie tragen es in ein gepanzertes Fahrzeug, weil es so wertvoll ist. Sie könnten es in einem Ferrari schneller in den Tresor bringen, aber es besteht eine viel größere Chance, dass das Geld sicher ankommt, wenn es in einem gepanzerten Fahrzeug transportiert wird.

Meine Damen, die Moral dieser Geschichte ist: *wenn es nicht zum Verkauf steht, dann mach auch keine Werbung!* Ich meine damit nicht, dass du hässlich oder nicht schön aussehen sollst, dich nicht schön anziehen oder du nicht gut riechen darfst. Ich sage einfach nur, dass es einen riesigen Unterschied gibt zwischen schön aussehen und sexy sein. Sogar die Bibel erwähnt Frauen, die außerordentlich attraktiv sind. Sie sagt, dass Königin Esther und Jacobs Frau Rachel „schön von Gestalt und Angesicht waren" (Esther 2,7; 1.Mose 29,17). Sie hatten schöne Körper. Nicht nur das, sondern die Bibel erwähnt viele andere Frauen, die Gott selbst als „schön" bezeichnet. Ich möchte damit nicht sagen, dass du religiös oder prüde sein sollst. Ich möchte dir sagen, dass du dir bewusst sein sollst, wie du deinen Körper anderen Menschen präsentierst. Ob du es willst oder nicht, so musst du doch wissen, dass wenn du enge Kleider, kurze Röcke, kurze Shirts oder Blusen trägst, die deinen Bauch zeigen, dies keine Botschaft sendet, dass Menschen dich als Person attraktiv finden sollen. Es sagt ihnen eher, dass du willst, dass sie dich als Sexobjekt sehen.

Natürlich müssen wir hier realistisch sein. Es wird immer ein paar Idioten geben, die versuchen, ein gepanzertes Fahrzeug auszurauben, und genauso wissen wir alle, dass es immer geile Trottel ohne Werte geben wird, die es schaffen, alles was herumläuft zu sexualisieren, egal wie sie sich auch anzieht. Du kannst dagegen nicht wirklich viel tun. Je mehr du als Person reifst, umso weniger wird dich diese oberflächliche Anziehung interessieren. Du wirst anderen um dich herum ganz natürlich zeigen, dass du sie als Menschen respektierst und dass du erwartest, dass sie das Gleiche für dich tun.

Jeder, der sich eine lebenslange Beziehung wünscht, sollte gesunden Menschenverstand haben und sich umsehen und erkennen, dass jede/r auf diesem Planeten altert. Körperliche Anziehung und Sex alleine können einfach nicht die Basis einer Beziehung sein, die lange halten soll. Es ist weise, sich darin zu investieren, dass deine inneren Qualitäten immer stärker und schöner werden, während du immer älter wirst. Denkt darüber nach, Mädels. Möchtet ihr wirklich den Rest eures Lebens mit jemanden verbringen, der euch wegen eures Körpers geheiratet hat? Habt ihr jemals über den Druck nachgedacht, der entstehen würde, wenn ihr mit einem Mann verheiratet wärt, dem es nur um euer Aussehen geht? Was wird dein Mann tun, wenn eine schönere Frau seinen Weg kreuzt? Erinnerst du dich daran, was ihn als Erstes angezogen hat? Das ist wirklich erschreckend!

Mädels, wahre Männer werden von Frauen angezogen, die ein ehrliches Interesse an ihnen haben, und den Schatz sehen, der in der Tiefe ihres Herzens liegt. Die Wahrheit ist, dass die meisten Männer in Gegenwart einer wahren Prinzessin ziemlich unsicher sind. Sie brauchen die Rückversicherung, dass du in ihnen etwas Wertvolles siehst und an sie glaubst. Was ich im Laufe der Jahre beobachtet habe, ist, dass körperlich sehr attraktive Frauen nicht immer diejenigen sind, die als erstes heiraten. In den meisten Fällen sind es Frauen, die wissen, wie sie Männern das Gefühl geben, besonders, wertvoll und begabt zu sein und so ihre Herzen gewinnen. Es ist wirklich nicht schwer, Männern dieses Gefühl zu geben. Man muss einfach nur ein ehrliches Interesse an jemanden haben und die richtigen Fragen stellen, um seine wahre Leidenschaft zu entdecken. Auf diese

Weise werden die Mauern der Angst und Unsicherheit fallen.

Manchmal scheint es so, dass Frauen, die in Reinheit leben sich mit Mauern der Gleichgültigkeit schützen und sich dann fragen, warum sich Männer nicht für sie interessieren. Es ist nicht nötig, wie ein kalter Fisch zu sein oder sich sachlich zu verhalten, um deine Trophäe zu schützen. Du kannst einladend und freundlich sein, ohne gleichzeitig sexy zu sein.

In Frauen, die ihre Sexualität benutzen, um Männer anzuziehen, geht meiner Meinung nach Folgendes vor: Einige von ihnen sind oberflächlich, weil sie ihr Leben auf ihren Körper reduziert haben, und sie nie irgendeine Tiefe im Rest ihres Leben kultiviert haben. Andere haben Angst vor Männern, und haben früh gelernt, wie sie sie durch Verführung kontrollieren können. Viele Frauen, die mit einem aggressiven oder unsicheren Vater, missbrauchenden Brüdern oder Angst machenden Männern aufwachsen, entdecken *das offene Geheimnis*, dass sie die einäugige Schlange dieser Männer bezaubern und sie mit einem verführerischen Zauber bändigen können. Der dritte Grund, warum manche Frauen sich so verhalten, ist, dass sie sich in einen Mann verliebt haben, der ein zerstörtes Wertesystem hat. Diese Frauen verstehen nicht, wie sie Grenzen setzen können, oder haben einfach nicht die geistliche und emotionale Stärke, für ihre Werte einzustehen. In jedem Fall hast du es mit Menschen zu tun, die nicht gesund sind. Wenn du nicht möchtest, dass ihre Probleme zu deinen werden, denke besser zweimal darüber nach, ob du deine Zeit in sie investieren möchtest.

Ein Mann mit einem Plan

Ihr Männer, alle diese Prinzipien, die ich gerade genannt habe, treffen auch auf euch zu. Wenn du es zulässt, dass deine Hormone deine Frau aussuchen, wird es dir am Ende leidtun. Eine wahre Prinzessin wird sich nicht von einem Wichtigtuer, einem Chaot oder dergleichen angezogen fühlen. Sie halten Ausschau nach jemandem, der sie ehrt und respektiert, einem Mann, der um sie wirbt wie nach einem wertvollen Diamanten, und nicht wie nach einem Hot-Dog. Es ist wichtig, dass du ihnen das Gefühl gibst, sicher und beschützt zu sein.

Ich habe einige Single Frauen beobachtet und sie gefragt, welche Qualitäten sie sich bei einem Mann wünschen. Hier sind ihre Antworten in ihrer Reihenfolge:

1. Integrität

Ich hätte gerne eine tiefe Beziehung zu einem Mann, der *Integrität* hat. Dass du bist wer du sagst, dass du bist, und damit meine ich, dass du keine Versprechen machst, die du nicht halten kannst. Bildlich gesprochen ist es für mich wichtig, dass du keine „Schecks ausstellst", weder physischer, emotionaler und geistlicher Art, ohne das Geld auf dem Konto, sie einzulösen.

2. Ehrlichkeit

Ich brauche einen Mann, der ehrlich, transparent und verletzlich ist. Zuerst mit sich selbst, dann mit mir. Es ist schmerzhaft, wenn Männer unehrlich sind und Dinge verborgen halten. Ein ehrlicher Mann gibt mir das Gefühl, sicher zu sein.

3. Vertrauen/Selbstvertrauen

Ich liebe einen Mann, der Selbstvertrauen hat. Selbstvertrauen verbunden mit Demut ist eine schöne Sache, aber Stolz ist echt scheiße. Du musst nicht alles davon haben, ich brauche einfach einen Mann, der dem Herrn vertraut und nicht in Angst lebt, damit du in der Lage bist, unsere Beziehung gut zu führen. Wenn du nach meinem Herzen mit Selbstvertrauen und dem Ziel, Stärke in unsere Beziehung zu bringen, suchst, wird auch mein Selbstvertrauen wachsen.

4. Selbstaufopferung und Liebe

Ich wünsche mir einen Mann, der aufopfernd ist und mich so zu lieben weiß, dass ich mich wertgeschätzt fühle. Ich möchte, dass er mir hilft, meine Bedürfnisse zu befriedigen, auch wenn es schwer ist, denn dann weiß ich, dass ich in jeder Situation meines Lebens bedingungslos geliebt werde.

Allgemeine Aussagen von Frauen

Wenn sich ein Mann für mich interessiert, möchte ich, dass er dabei ein Ziel verfolgt. Wenn er in seinem Leben nicht soweit ist zu heiraten, dann möchte ich nicht, dass er mir den Hof macht. Er muss nicht unbedingt wissen, dass er mich heiraten wird, er muss einfach nur die Absicht haben, nach jemandem Ausschau zu halten, den er heiraten möchte. Er darf nicht die Haltung haben, einfach nur Spaß mit einem coolen Mädel haben zu wollen und sagen, dass „es vielleicht am Ende die Eine ist." Während er mein Herz sucht, muss er zielgerichtet sein. Er kann mich nicht wie einen „Freund" behandeln, während er mich gleichzeitig wie seine Freundin behandelt. Ich möchte wissen, wie er zu mir steht, damit ich die Situation nicht falsch einschätze, und mehr von mir gebe, als er bereit ist zu geben. Jungs müssen sicherstellen, dass ihr Grad an Intimität sich mit dem Grad ihrer Verpflichtung deckt.

Einen Mentor haben

Jungs, wenn ihr Erfolg in diesen Gebieten haben möchtet, ist es zwingend erforderlich, dass ihr ein Vorbild oder einen Mentor habt. Es ist von unschätzbarem Wert, jemanden in dein Leben einzuladen, bei dem du echt sein kannst, jemand, dem du dein Herz weit öffnen kannst. Viele Männer verstecken ihre Schwachheit und hoffen, dass niemand jemals ihr „wirkliches" Ich sieht. Aber indem du deine Fehler versteckst, lässt du zu, dass dein dysfunktionaler Kreislauf sich fortsetzt. Nur wenn du „echt" mit Gott, mit dir selbst und mit anderen bist, kannst du heil werden und Frieden und Ganzheit in deinem Leben finden.

Mein Mädchen

Als junger Mann hatte ich viele Freundinnen, während ich zur Schule ging. Aber da ich mit einem wirklich niedrigen Selbstwertgefühl kämpfte, hing ich normalerweise mit jungen Frauen herum, die keine Selbstachtung oder Grenzen in ihrem Leben hatten. Mädchen, die sich selbst wertschätzten, jagten mir eine Heidenangst ein. Daher mochte meine Mutter keine von meinen Freundinnen. Sie sagte zu mir, dass ich es nicht verstand, eine „echte" Frau zu finden. Ich hatte keine Ahnung und wusste nicht,

was sie meinte. Dann, im Sommer 1971, kam ein 12-jähriges Mädchen zu uns, um mir etwas zurück zu geben, was ich am See zurückgelassen hatte. Ich hatte sie dort vor einer Woche getroffen, während ich Ferien hatte. Ich ließ sie kurz hereinkommen und stellte sie meiner Mutter vor. Nachdem sie gegangen war, drehte sich meine Mutter um und sagte: „Mein Sohn, das ist eine Frau zum Heiraten!".

„Komm schon, Mama", sagte ich sarkastisch, „sie ist 12 Jahre alt." (ich war damals 15)

„Auch wenn sie 10 Jahre alt wäre, so ist sie dennoch eine Frau zum Heiraten!", blaffte sie zurück.

Die Wochen vergingen, und ich begann darüber nachzudenken, welche Werte mir meine Mutter in Bezug auf „die Richtige" vermitteln wollte. Viele der Werte, die ich mit euch in diesem Kapitel geteilt habe, kommen von diesen Gesprächen, die ich mit meiner Mutter hatte. Es war meine Mutter, die als erste die Qualitäten einer „echten" Frau in Kathy erkannte. Sie machte mich darauf aufmerksam, dass Kathy selbstlos war, dass sie mich wirklich schätzte und dass sie an mich glaubte. Sie konnte sagen, dass Kathy eine heile Person war und nicht jemand, der einen Freund braucht, um sein Selbstwertgefühl oder soziale Schicht zu verbessern. Sie war nicht verführerisch oder emotional bedürftig, sondern selbstsicher und ausgeglichen. Sie hatte Selbstachtung und behandelte sich selbst mit einer gewissen Noblesse.

Die Zeit verging, und ich befolgte den Rat meiner Mutter; fünf Jahre später heiratete ich dieses Mädchen. Es ist nun 40 Jahre her, dass meine Mutter Kathy als die „Richtige" bezeichnet hatte. Ich weiß heute mehr denn je, dass meine

Mutter Recht hatte. Wir sind nun 35 Jahre verheiratet. Wir haben gemeinsam die Welt bereist, vier Kinder großgezogen, neun Geschäfte besessen und sind sogar einmal pleite gegangen. Wir sind durch Astlöcher gezogen worden, in unserem Lebensfluss von den Alligatoren angegriffen worden, haben mehr als einmal als „tot" gegolten, aber wir hatten niemals einen schlechten Tag in unserer Beziehung (wir hatten einige schlimme Stunden im Laufe der Jahre)! Unsere Ehe ist wie aus einem Kinderbuch und dies ist nur deshalb der Fall, weil ich auf meine Mutter gehört und meinem himmlischen Vater gehorcht habe. Ich habe von ihnen gelernt, dass die gleichen Werte, die man braucht, um eine „gesunde" Frau anzuziehen, die Werte sind, die nötig sind, um eine gesunde Ehe zu führen.

Gesundes Werben in Beziehungen schafft eine Basis für starke Ehen. Auf einem brüchigen Fundament kann man keine Villa bauen. Der Punkt ist der: heirate nicht, bevor du nicht die Probleme in deinen Beziehungen durchgearbeitet hast. Manche haben das Werben vermasselt und denken, dass eine Ehe ihre Probleme löst ... nein! Solches Werben führt zu entsprechenden Ehen, weil es immer um die gleiche Sache geht.

Tipps

Ich bin davon überzeugt, dass wir in einer Generation leben, die aus Mangel an Vision umkommt und dass dieser Mangel daher stammt, dass dies eine Generation ohne Väter ist. In den meisten Fällen bekommen wir unsere Identität von unseren Eltern. Insbesondere bekommen wir unsere Identität und wie wir mit dem anderen Geschlecht umgehen von unseren Eltern. Aus diesem Grund pflegte ich etwas zu meinen vier Teenagern zu sagen, als sie auf der Suche nach einem Seelenverwandten waren. Ich sagte meinen Mädchen: „Achte darauf, wie dein Freund seine Mutter behandelt. Denn wenn deine Flitterwochen vorbei sind, wird er mit dir genauso umgehen wie mit seiner Mutter." Und ich sagte zu meinen Jungs: „Achte darauf, wie deine Freundin mit ihrem Vater umgeht, denn sobald deine Hochzeit vorbei ist, wird sie genauso mit dir umgehen. Ich glaube immer noch, dass dies ein großartiger Ratschlag ist. Natürlich gibt es immer Ausnahmen von dieser Regel. Aber im Großen und Ganzen lernen wir durch unsere Eltern, wie wir mit dem anderen Geschlecht umgehen.

Eine weitere wichtige Sache, nach der man bei einem Lebenspartner suchen sollte, ist Selbstliebe. Jesus sagte: *„Liebe deinen Nachbarn wie (du) dich selbst (liebst)…"* (Markus 12,31). In anderen Worten, mit dem Maß, mit dem du dich selbst liebst, wirst du andere lieben. Paulus drückte es so aus: *„So sollen auch die Männer ihre Frauen lieben wie ihren eigenen Leib. Wer seine Frau liebt, der liebt sich selbst. Denn niemand hat je sein eigenes Fleisch gehasst; sondern er nährt und pflegt es wie auch Christus die Gemeinde."* (Eph. 5,28-29). Das Entscheidende ist: Wenn die Person, für die du dich interessiert, sich nicht selbst liebt, wird er/sie dich auch nicht lieben, wenn die Flitterwochen vorbei sind! Ich spreche nicht über Ichbezogenheit. Ich sage nur, dass der Standard deiner Liebe für deinen Ehepartner du selbst sein wirst. Deshalb: lerne es, dich selbst zu lieben, denn Gott liebt dich und er macht keinen Fehler.

KAPITEL 4

Die Regeln des Kampfes

Während ich schlief

Du erinnerst dich daran, wie es war. Du reitest eines Tages so auf deinem kleinen Pony deinen Lebenspfad entlang und dann: Bum! Du bist in der Pubertät. Wow! Auf einmal wirst du von diesem Pony geworfen und landest auf dem Rücken eines wilden Hengstes. Eine völlig neue Welt erscheint vor deinen Augen und du beginnst, Dinge zu fühlen, die vollkommen irrational, Angst machend und aufregend sind - und das alles auf einmal. Alles ist so fremd und schwer zu verstehen - die Anziehung, die Leidenschaft, das brennende Verlangen zusammen zu sein, und der rasende Sexualtrieb! Wenn unsere Körper beginnen, sich ohne

unsere Erlaubnis zu verändern und wir beginnen, Gedanken und Wünsche zu haben, die wir uns vorher nie hätten vorstellen können, ist es schwer genug, zu begreifen, was los ist – ganz zu schweigen davon, wie wir damit umgehen sollen. Sollten wir uns schuldig fühlen oder beschämt oder ist das alles normal?

Was die Sache noch schlimmer macht, so scheinen die vereinbarten Regeln im Gegensatz zu all unseren Leidenschaften zu stehen. Du wurdest gelehrt: „Es ist vor Gott eine Sünde, Sex vor der Ehe zu haben! Du wirst krank, schwanger werden/jemanden schwängern und dein Leben ruinieren." Natürlich gibt es auch immer Menschen auf der anderen Seite, die dir das Gegenteil sagen: „Es ist okay. Jeder tut es. Hab Spaß. Schlafe mit wem du willst. Es ist dein Körper und du kannst mit ihm tun, was du willst. Schließlich: Warum würde dir Gott einen Sexualtrieb geben, wenn Er nicht wollte, dass du Sex hast?"

Ich gehöre ja offensichtlich zu diesen Stimmen, die dich ermutigen, dass Sex in die Ehe gehört. Im tiefsten Grund hat die Wahl, unserem Sexualtrieb ohne gewisse Grenzen zu folgen, ernste Konsequenzen, auch wenn du es schaffst, nicht schwanger zu werden oder eine Geschlechtskrankheit zu bekommen. Allgemein gesprochen haben wir gesehen, dass die Entscheidung, allen unseren physischen Impulsen zu folgen, in einem Desaster endet. Wir müssen festlegen, wie wir auf unsere Wünsche reagieren, wenn wir gesund sein wollen. Der einzige Weg, gesunde Grenzen zu setzen, ist, unsere größere Bestimmung für unser Leben zu verstehen. Deshalb habe ich dich im letzten Kapitel herausgefordert zu entscheiden, *wer* du sein möchtest, damit du dich dann mit (deinen) Werten identifizierst und dich dazu verpflichtest; denn sie bilden deine Persönlichkeit und lenken dein Verhalten, besonders wenn es um den Sexualtrieb geht. Diese Vision kann man nicht erreichen ohne die Schritte zu verstehen und zu gehen, die dorthin führen. Deshalb möchte ich in diesem Kapitel mit dir darüber sprechen, wie man einen Plan für „Reinheit" entwickelt; eine Strategie, wie du den wilden Hengst in dir zügeln kannst (wenn du dich dazu entschlossen hast, ein Leben ohne Werte zu führen, brauchst du dieses Kapitel natürlich nicht zu lesen).

Den inneren Kampf gewinnen

Jemand sagte einmal: „Das Problem mit dem Leben ist, dass es so *alltäglich* ist." Ich stimme ihm zu. Viele von uns haben großartige Vorstellungen vom Leben, wie es aussehen sollte und wie wir darin erfolgreich werden. Aber für die meisten von uns besteht der Kampf darin, täglich für unsere Überzeugungen einzustehen, besonders wenn wir wollen, dass unser Verstand nicht unsere Herzen verletzt. Letztendlich liegt der wahre Erfolg in der Fähigkeit, mit deinem Inneren umzugehen, dem verborgenen Königreich, das in dir lebt. Es ist wirklich nicht möglich, dein Verhalten langfristig zu kontrollieren, wenn du nicht deine Gedanken beherrschst und sie den Werten unterordnest, für die du dich entschieden hast. Im letzten Kapitel habe ich erklärt, dass deine Werte deine innere Haltung formen; deine innere Haltung dann deine Entscheidungen bestimmt; diese Entscheidungen dann Einfluss auf dein Verhalten hat, und schließlich dein Verhalten bestimmt, ob du dein Ziel erreichst. Der ganze Prozess beginnt, indem du

deinen Werten Autorität über deine Gedanken gibst. Wenn deine Werte nicht bestimmen, was du selbst denken willst, wird dieser Prozess gestört. Der Versuch, sich deinen Werten gemäß zu verhalten, ohne dabei zu kontrollieren, welcher Film gerade in deinem Kopf abläuft, wird einfach scheitern. Alles im Leben beginnt mit einem Gedanken, einem Bild, dass auf dem Bildschirm deiner Seele projiziert wird.

Nichts wurde je erfunden, was nicht zuerst im unsichtbaren Reich des Intellekts zusammengefügt wurde. Ebenso gab es niemals einen Kampf im sichtbaren Reich, der nicht zuerst an dem geheimen Ort von jemandes Vorstellungskraft gefochten wurde. Und niemand hatte je Sex mit jemandem, ohne es sich zuerst in dem privaten Raum seines Verstandes vorzustellen.

Dieses Prinzip ist so kraftvoll, dass Jesus sagte, dass das Begehren nach jemandem in deinem Herzen dasselbe ist, als begingst du mit dieser Person Ehebruch (siehe Matthäus 5,28). Jesus war sich sicher, dass wir von innen nach außen leben und nicht umgekehrt.

Dein Verstand ist das Schlachtfeld deines Lebens. Hier wird der Kampf für deine Bestimmung gefochten. Deine Gedanken sind die Waffen dieses Krieges. Inmitten dieses Schlachtfeldes werden Festungen gebaut, die entweder Lügen und Fantasien oder aber die Wahrheit schützen. Wenn du deinen Verstand Fantasien aussetzt, die deine Werte untergraben, wird schon bald eine Festung entstehen, die diese Lügen inmitten des Schlachtfeldes schützt. Ob es eine solche böse Festung gibt, erkennst du immer daran, dass du anfängst, dein falsches Verhalten, das eigentlich deinen inneren Überzeugungen widerspricht, zu verteidigen.

Aber wenn du deine Gedanken und Handlungen dahin trainierst, mit deinen gesunden Werten übereinzustimmen, werden gute Festungen errichtet, die deine Integrität verteidigen und deiner göttlichen Bestimmung entsprechen. Einer der Wege, wie Integrität geschaffen und in deinem Leben bleiben kann, ist, deinen Gedanken nicht zu erlauben, deine Werte zu verletzen. Integrität bedeutet, dass du innerlich die gleiche Person bist wie äußerlich. Vor vielen Jahren drückte es der große Apostel Paulus so aus:

„Sorgt euch um nichts, sondern in allen Dingen lasst eure Bitten in Gebet und Flehen mit Danksagung vor Gott kundwerden! Und der Friede Gottes, der höher ist als alle Vernunft, bewahre eure Herzen und Sinne in Christus Jesus. Weiter, liebe Brüder: Was wahrhaftig ist, was ehrbar, was gerecht, was rein, was liebenswert, was einen guten Ruf hat, sei es eine Tugend, sei es ein Lob - darauf seid bedacht. Was ihr gelernt und empfangen und gehört und gesehen habt an mir, das tut; so wird der Gott des Friedens mit euch sein" (Philipper 4, 6-9).

Zu lernen, deine Gedanken zu kontrollieren, anstatt deinen Gedanken zu erlauben, dich zu kontrollieren, ist wahrscheinlich das einzige große Geheimnis für ein erfolgreiches Leben. Ich habe einmal eine Szene beobachtet, die erklärt, was geschieht, wenn du von deinen Gedanken kontrolliert wirst. Ich sah eine junge, kleine Frau, die mit zwei riesigen Hunden spazieren ging. Die Hunde haben sie praktisch die Straße herunter gezogen, in die Büsche gepinkelt und in die Gärten gekackt, während sie an der Leine zog und versuchte, sie zu stoppen. Es erinnerte mich daran, wie manche Menschen denken. Ihre Gedanken ziehen sie

die Straßen des Lebens hinunter und zerstören dabei die Vegetation ihrer Werte, da sie sie noch nie irgendeinem Gehorsamstraining unterzogen haben.

Der Grund, warum unsere Gedanken so kraftvoll sind, ist die Tatsache, dass sie immer mit unseren Wünschen verbunden sind. Unsere Gedanken haben die Macht, Wünsche in uns zu erwecken, und unsere Wünsche haben die Kraft, Gedanken in uns zu schaffen - eine Art intellektuelles Öko-System. Das Letztere beschreibt, was vorgeht, wenn du in die Pubertät kommst. Die Wünsche, die aus deinem gerade erwachten Sexualtrieb kommen, beginnen, alle möglichen Gedanken in deinen Kopf zu senden, mit denen du vorher nicht umgehen musstest. Wenn du diese Hunde an der Leine halten willst, musst du lernen, wie man sie trainiert.

Wenn die Hunde des Verlangens beginnen, an der Leine deines Herzens zu zerren, ist es wichtig, sich daran zu erinnern, woher dein Sexualtrieb überhaupt kommt. Es war Gott, der den menschlichen Sexualtrieb aktivierte, indem er sagte: *„ Seid fruchtbar und mehret euch… "*(1.Mose 1,28). (Hat er etwa keinen guten Job gemacht?) Ein Verlangen Sex zu haben ist normal, und nicht etwas, wofür du dich schuldig fühlen musst. Tatsächlich sagt die Bibel „…es ist besser zu heiraten, als sich in Begierde zu verzehren" (1.Kor.7,9). Die englische ‚Message Bible' drückt es drollig aus: sie übersetzt den Satz „sich in Begierde zu verzehren" mit „sexuell gequält sein"! Es ist besser, zu heiraten, als sexuell gequält zu sein. Wow, was für ein klares Bild von dem Kampf, der in uns wütet. Trauriger weise ziehen sich so viele Menschen als Teenager von Gott zurück, weil sie sich schuldig fühlen, ein sexuelles Verlangen zu haben. Sie beginnen, Lügen über sich selbst zu glauben und denken „Ich kann keine gerechte Person sein wegen dieses Verlangens. Etwas stimmt mit mir nicht." Aber das ist einfach nicht wahr! Sex war Gottes Idee und es ist gut. Das Ziel ist nicht, deinen Sexualtrieb loszuwerden, sondern dass du deinen Appetit steuerst. Es ist wichtig, dass du deine Leidenschaften beherrschst und nicht umgekehrt.

Ein Bund mit deinen Augen

Was du mit deinen Augen siehst, wird weitgehend bestimmen, ob du die Hunde des Verlangens beherrschst oder ob sie dich beherrschen. Das was du siehst, inspiriert deine Vorstellungskraft mehr als jeder andere der fünf Sinne, abgesehen von körperlicher Berührung. Und denke daran: das stärkste Sexualorgan in deinem Körper ist in Wirklichkeit dein Gehirn. Wenn du regelmäßig dein Gehirn mit Bildern fütterst, die Lust hervorrufen, wird es schwierig werden, deine Gedanken zu beherrschen und deine Werte nicht zu verletzen. Jesus sagte: „*Das Auge ist das Licht des Leibes. Wenn dein Auge lauter ist, so wird dein ganzer Leib licht sein*" (Mt. 6,22). Das Wort „*licht*" oder „*lauter*" wird auch mit „ausgesondert" übersetzt. Ausgesondert meint hier „ohne Kompromisse"[3]. Wenn du mit deinem Herzen keine Kompromisse schließt in dem, was du dir ansiehst, dann wirst du Ganzheit, Reinheit und Licht in deinen Körper bringen. Aber wenn deine Augen Kompromisse mit deinem Herzen schließen, bringt dies Dunkelheit in dein Leben.

---

3   Strong's Concordance, 573, Griechisches Wort haplous,

Hiob, der gerechteste Mann der Geschichte, machte eine aufschlussreiche Aussage in Bezug auf sein Streben nach Reinheit. Er sagte: „*Ich habe einen Bund mit meinen Augen geschlossen, dass ich nicht lüstern blickte auf eine Jungfrau.*" (Hiob 31,1). Ich würde euch dringend empfehlen, eine ähnliche Verpflichtung in eurem Bund vor Gott einzugehen. Es ist ja klar: wenn Jesus uns sagt, dass es wie Ehebruch ist, jemand begierig anzusehen, brauchen wir mehr als die guten Vorsätze, in unserer Hochzeitsnacht Jungfrau zu sein. Wir brauchen einen Plan, ob und was wir anschauen, und wie wir es ansehen.

Ohne Zweifel ist der ganze Zweck der Pornographie, Lust hervorzurufen. Filmemacher, die mit spärlich bekleideten Frauen und Sexszenen in ihren Filmen arbeiten, hoffen aus dem gleichen Verlangen Profit zu schlagen. Wir leben in einer Kultur, die ständig visuellen Ehebruch begeht und uns ist nicht bewusst, wie sehr dies unsere Fähigkeit, den anderen mit reinen Augen zu sehen, vergiftet hat. Wir alle wurden schon Bildern ausgesetzt, die wir uns besser nicht angesehen hätten. Gott macht uns nicht dafür verantwortlich, was uns über den Weg läuft, sondern was unsere Aufmerksamkeit und unsere Herzen gefangen nimmt. Und Er ist in der Lage, uns wiederherzustellen, wenn wir von der Welt betrogen wurden.

Selbstbefriedigung

Oft fragen mich Menschen, ob Selbstbefriedigung an sich ein akzeptabler und ehrenhafter Weg sei, um dabei zu helfen, den Sexualtrieb zu kontrollieren, während man Single ist. Bevor ich euch meine Meinung sage, lasst uns über die Fakten sprechen. Die Bibel unterweist uns in allen Aspekten der Sexualität. Sie sagt uns zum Beispiel, dass Sex außerhalb der Ehe falsch und zerstörerisch ist (siehe Eph. 5,3; 4,3; Offb. 2,20). Sie stellt klar, dass Sex mit Tieren abscheulich ist (siehe 2.Mose 22,19; 5.Mose 27,21). Gott sagt uns, dass sexueller Verkehr mit dem gleichen Geschlecht eine Sünde gegen uns und gegen den Himmel ist (siehe 3.Mose 18,22; Römer 1,24-28). Diese Liste lässt sich leicht fortsetzen, aber die Bibel erwähnt nie Selbstbefriedigung. Denke darüber nach: auf mehr als 1700 Seiten, geschrieben über mehrere tausend Jahre von mehr als 40 Autoren in vielen Ländern und Kulturen, erwähnt die Bibel nicht ein Mal das Wort „Selbstbefriedigung", kein einziges Mal.

Also bedeutet Gottes Schweigen über ein Thema, dem jede Generation gegenüberstand, dass es okay ist, es zu tun, oder ist es ihm egal? Nein, eigentlich sagt es uns, dass Er uns die Erlaubnis gegeben hat, es mit IHM durchzuarbeiten innerhalb der Werte und Maßstäbe, die Er uns bereits offenbart hat. Wir wissen, dass wenn wir jemanden mit Lust ansehen, es das Gleiche ist wie Ehebruch (siehe Matth. 5,28). Daher leuchtet es ein, dass wenn du dir bei der Selbstbefriedigung eine bestimmte Person vorstellst, du deine Integrität verletzt und dein Herz korrumpierst. Ich habe einmal einen älteren Herrn beraten, der, seit er 13 war, sieben Mal am Tag masturbierte. Es wurde zu einer solchen Gebundenheit, dass es buchstäblich sein Leben bestimmte. Alles, was dich beherrscht ist eine Sucht, und es wird dich schließlich zerstören. Süchte wachsen im Keller der Ablehnung. Ablehnung heißt, dass du die Kernthemen vermeidest, die Schmerzen in deinem Herzen verursachen, indem

du sie mit Vergnügen bedeckst. Dies ist der Grund, warum sexuelle Süchte in unserer Welt so weit verbreitet sind.

Viele Menschen haben ein Monster in ihrem Keller, und sie versuchen vorzugeben, es sei gar nicht da. Sie drehen einfach die Lautstärke auf, damit sie es durch das Schlüsselloch nicht atmen hören können. Und ab und zu werfen sie ihm ein oder zwei Steaks hin, um es zu beruhigen, damit die Nachbarn nicht merken, dass es da unten gefangen ist. Aber mit jedem Tag wird das Monster stärker, bis es schließlich die Kellertür aus den Angeln reißt und jeden im Haus umbringt. Selbstbefriedigung ist die ultimative Stereoanlage, denn sie bedeckt den knurrenden Lärm im Keller unseres Herzens. Wenn wir den wahren Grund für einen überaktiven Sexualtrieb leugnen, wird er uns schließlich zerstören.

Eines der größten Missverständnisse über Selbstbefriedigung ist der Gedanke: „eines Tages, wenn ich heirate, werde ich es nicht mehr brauchen." Diese Denkweise ist, obwohl sie logisch erscheint, meistens der Anfang vom Ende. Oftmals nutzen Männer Selbstbefriedigung, um Spannung oder Druck loszuwerden, oder gar den Stachel der Ablehnung zu umgehen. Normalerweise werden diese Verhaltensweisen mit in die Ehe gebracht und bleiben nicht nur im Singleleben. Das Problem ist, dass du damit deinem Partner Dinge stiehlst, die rechtmäßig ihm gehören. Lass es mich erklären. In einer Ehe sollte der Sexualtrieb eines Mannes ihn motivieren, Dinge zu tun, die er normalerweise nicht tun würde, um sich mit seiner Frau zu verbinden. Daher wird ein Mann, der Sex möchte, das Geschirr spülen, die Küche aufräumen, sich emotional mit seiner Frau verbinden und wahrscheinlich sogar einen Schnulzenfilm anschauen, da er das Bedürfnis hat, mit seiner Frau intim zu werden. Der gleiche Mann würde all sein Verlangen, sie zu verführen und die extra Meile zu gehen, verlieren, wenn er sich um sein Bedürfnis selber kümmern würde, ins Badezimmer geht und masturbiert. In der gleichen Weise fehlt Frauen die Motivation, ihre Männer zu verführen, wenn sie ihre emotionalen Bedürfnisse durch Seifenoper, romantische Filme, etc. stillen. Daher leidet die Ehe.

Gut. Und was ist jetzt die Moral der Geschichte? Wenn du dich selbst befriedigst, um deinen sexuellen Appetit zu zügeln, dann sorge dafür, dass dies nicht deine Beziehung mit dem Himmel verletzt und stelle sicher, dass du es nicht benutzt, um tiefere Themen in deinem Leben auszublenden. Wenn du es oft tust, bedeckst du damit tiefere Probleme in deinem Herzen. Lass nie zu, dass dein Appetit dich kontrolliert; du musst mit ihm umgehen können. Und sexualisiere keine Menschen, um deinen Sexualtrieb zu befriedigen. Halte dein Herz rein in allem, was du tust.

Eine Vertragsverbindung

Da es Gott ist, der deinen Sexualtrieb geschaffen und aktiviert hat, bedeutet dies, dass Er sowohl die Weisheit als auch die Stärke hat, um ihn in seine wahre Bestimmung zu führen. Er möchte nicht, dass du dich von Ihm zurückziehst, während du mit deinen Gedanken und Gefühlen beschäftigt bist, Er möchte, dass du zu Ihm rennst. Das Fundament der Festung, die deine Werte schützt, ist in den Beton einer *Vertragsverbindung mit Gott* gegossen. Manchmal kann der Krieg in deiner Seele so intensiv werden, dass du

Seine Hilfe brauchst, um diese Kämpfe zu gewinnen und deine Trophäe festzuhalten, ganz besonders inmitten einer pervertierten und feindlichen Welt.

Meine Kinder sind mit diesem Verständnis aufgewachsen. Sie wurden in einer Umgebung groß, wo das Thema Sex sehr offen diskutiert wurde. Kathy und ich sprachen offen mit ihnen darüber und versuchten es soweit wie möglich in angemessener Weise zu entmystifizieren. Als unsere Kinder in die Pubertät kamen, gingen Kathy und ich mit ihnen aus und sprachen mit ihnen über den hohen Wert ihrer Reinheit. Wir erklärten ihnen, dass sie einen Plan benötigten, um ihre Jungfräulichkeit aus dem Schlachtfeld bis in die Hochzeitssuite zu bringen. Wir sagten ihnen, dass sie Jesu Hilfe benötigen würden, um diesen Kampf zu gewinnen und wir boten ihnen an, sie in ein Bündnis mit Ihm zu führen. Ein Bündnis ist ein Übereinkommen zwischen zwei Parteien, bei dem beide Parteien das Recht und die Verantwortung haben, gewisse Verpflichtungen einzugehen, um ein gewünschtes Ergebnis zu erzielen.

Als sie dazu bereit waren, beteten wir ein einfaches Gebet mit ihnen, in dem wir den Herrn baten, sie für ihren zukünftigen Mann oder ihre zukünftige Frau ihrer Träume rein zu halten. Sie baten Gott, ihnen in schwachen Zeiten zu helfen, sie von Versuchung zu bewahren und ihnen Seine Weisheit für ihr Leben zu geben. Am Ende dieses Gebetes gaben Kathy und ich ihnen einen schönen Ring, den sie am gleichen Finger wie den Ehering tragen sollten, bis sie verheiratet wären, als Erinnerung an das Bündnis, das sie mit Gott eingegangen waren, rein zu bleiben. Dann, während der Hochzeitszeremonie, würden sie diese Ringe ihrem Geliebten geben, als erstes Zeichen ihres Bündnisses mit ihm.

Ich erzähle euch dies, weil das Leben meiner Kinder ein Zeugnis für die Kraft dieses Bündnisses ist. Gott war treu und Er wird auch dir treu sein. Meine Kinder durchlebten alle Kämpfe, durch die jeder geht, der lernt, mit seinem Sexualtrieb umzugehen. Die Weisheit und Stärke, die sie aus ihrer Beziehung mit Gott gewannen, befähigte sie, in Übereinstimmungen mit ihren Werten und Zielen, ihr Verlangen erfolgreich zu handhaben. (Es gibt eine coole Geschichte im letzten Kapitel dieses Buches über Anthonys „Bündnisring" und seine Reise in Richtung Ehe.)

Verantwortung

Ein weiteres wichtiges Element bei den „Reinheitsplänen" meiner Kinder war die Übernahme von Verantwortung. Nachdem du diesen Vertrag mit Gott geschlossen hast, musst du jemanden finden, der dich für dein Bündnis und deine Überzeugungen zur Rechenschaft zieht.

Es gibt einige sehr wichtige Punkte, die man bei der Suche nach der richtigen Person in Betracht ziehen sollte. Einer der Wege, ob du die richtige Person kennst, ist sich vorzustellen, wie es sich anfühlen würde, ihm oder ihr dein Versagen mitzuteilen. Wenn es dir nichts ausmachen würde, diese Person zu enttäuschen, dann hast du die falsche Person gewählt. Das Ziel ist, vor jemanden Rechenschaft abzulegen, den du respektierst, wie einen Vater oder eine Mutter, und nicht einen Freund, der mit den gleichen Dingen kämpft wie du. Natürlich sollte diese mütterliche oder väterliche Person jemand sein, der dich versteht und ermu-

tigt, aber es sollte auch jemand sein, der dich konfrontieren wird, wenn du es vermasselst, und dich zu deinen Überzeugungen zurückführt. Es ist keine wirkliche Rechenschaft, wenn du dich Menschen gegenüber verantworten musst, die „kleiner" oder „verkorkster" sind als du, oder bei denen du kein Problem hättest, sie zu enttäuschen.

Also wie sieht Rechenschaft aus? Es bedeutet jedenfalls nicht, eine andere Person für dein Leben verantwortlich zu machen. Du musst zuerst selbst für deine Werte Verantwortung übernehmen, bevor du jemand anderen bittest, es zu tun. Anderenfalls wird diese Person dich dazu bringen, dass du dich äußerlich in einer Weise verhältst, zu der du dich innerlich aber noch nicht verpflichtet hast. Dies wird dazu führen, dass du dich von diesem Menschen kontrolliert und manipuliert fühlst.

Es ist wichtig zu verstehen, dass jeder, den Du in deinem Leben Einblick gibst, auch einen Einblick in dein Herz haben wird. Dies ist einer der Gründe, warum es wichtig ist, jemanden zu haben, der mit dir über die Werte wacht, für die du dich bereits entschieden hast. Ein solcher Freund wird dir dabei helfen, dich inmitten deiner hormonellen Stürme an deine Ziele zu erinnern. Er wird dich dazu aufrufen, deine Begierde und Leidenschaft zu beherrschen und er kann ein guter Ratgeber sein, wenn du bezüglich dem Mann/der Frau deiner Träume Entscheidungen triffst.

Rechenschaft ablegen bedeutet, dass du Input, Korrektur, Disziplin und Konfrontation in dein Leben *einlädst* und nicht nur tolerierst, genauso wie Trost und Ermutigung. Ich kann nicht sagen, wie oft mich Menschen gebeten haben, in ihr Leben zu sprechen; aber dann, wenn sie tatsächlich

Korrektur oder neue Richtung von mir hörten, waren sie sauer auf mich. Seien wir ehrlich: es ist für jeden schwer, Korrektur zu bekommen. Aber wenn du dich mit der Person, die du gebeten hast, dich zu korrigieren, streitest, warum hast du sie dann überhaupt in dein Leben eingeladen? Natürlich ist Streit nicht der einzige Weg, mit dem wir Menschen bestrafen. Bestrafung zeigt sich auf vielerlei Weise. Manchmal zeigt sie sich darin, dass Menschen sich zurückziehen und schmollen. Wenn du dich so verhältst, sagst du damit deinem Freund: „Bitte sag mir nicht die Wahrheit. Ich kann damit nicht umgehen."

Täuschung überwinden

Das Thema „Rechenschaft ablegen" bringt eine wichtige Wahrheit zum Vorschein, die wir alle im Leben lernen müssen: jeder von uns braucht jemanden, dem wir mehr vertrauen als uns selbst. Jeder von uns ist anfällig für Täuschung, und die Natur der Täuschung ist, dass wir nicht wissen, wann wir getäuscht werden (wenn du weißt, dass du getäuscht wirst, nennt man das nicht wirklich „Täuschung". Man nennt es den Geist der Dummheit!). Daher, wenn dir jemand sagt, dass du ein Problem in einem gewissen Bereich deines Lebens hast, fühlst Du es normalerweise nicht. Du musst dem, was die andere Person zu dir sagt, mehr vertrauen als deinen Gefühlen, wenn du von Täuschung befreit werden willst.

Ein Bereich, in dem es am häufigsten zu einer solchen Täuschung kommt, ist bei der Wahl des Lebenspartners. Ich habe schon so oft beobachtet, dass Menschen sich in jemanden verlieben, der *nicht* gut für sie ist. Das alte

Sprichwort „*Liebe macht blind*" ist wahr. Aber ich möchte gerne hinzufügen, dass Verlangen noch blinder macht und völlig taub ist! Manchmal treffen Menschen bei der Partnersuche die dümmsten Entscheidungen. Wenn deine Gedanken von deinen Geschlechtsteilen beherrscht werden, kannst du die verrücktesten Entscheidungen treffen, die den Rest deines Lebens betreffen werden. Darum ist es so wichtig, dass du Menschen in dein Leben einlädst, die dir helfen, deine romantischen Beziehungen zu beaufsichtigen und dir ein ehrliches Feedback geben. Ich habe euch schon erzählt, wie sehr mir die Meinung meiner Mutter bei der Partnerwahl geholfen hat.

Lass mich klarstellen, dass ich nicht darüber rede, dass du dich einem Kontrollfreak unterwerfen oder jemandem erlauben sollst, dich wie ein zehn Jahre altes Kind zu behandeln. Ich sage nur, dass wir alle jemanden brauchen, der uns hilft, unser Leben zu beaufsichtigen, weil wir oft den Wald vor lauter Bäumen nicht mehr sehen. Meistens werden diese Menschen uns einfach einen Spiegel vorhalten und uns zeigen, wie unsere Haltungen, die wir im verborgenen Königreich unserer Seele kultivieren, sich in unserem Verhalten zeigen und die Menschen um uns herum beeinflussen.

Ich habe sechs Männer, die ich gebeten habe, in mein Leben hinein zu reden. Vor ein paar Jahren saß ich mit ihnen beim Mittagessen und hatte diese großartige Idee. Ich sagte zu ihnen: „Lasst uns für die nächsten sieben Wochen unsere Mittagspause nutzen und jedem ein Feedback über die Zwänge geben, die wir in dem anderen sehen und die uns von persönlicher Größe abhalten. Wir können mit mir beginnen." Ich dachte: „Was könnten sie schon Falsches an mir finden? Ich bin ein reifer Leiter." Erinnerst du dich an das Wesen der Täuschung? Nun, in den folgenden zwei Stunden sagten mir meine Freunde abwechselnd, welche Probleme sie in meinem Leben sahen und beschrieben, wie mein Verhalten die Menschen um mich herum beeinflusste. Ich war völlig am Boden zerstört. Ich fühlte mich, als hätte mich jemand durch ein Astloch gezogen. Ich kam in dieser Nacht spät nach Hause und Kathy schlief bereits. Ich legte mich neben sie, immer noch verletzt von den Kommentaren meiner Freunde. Sie bewegte sich ein wenig und murmelte dann: „Wie war dein Tag, Liebling?"

Wimmernd erzählte ich ihr kurz, was sie zu mir gesagt hatten und erwartete, dass sie mich trösten würde. Sie drehte sich zu mir um, legte ihre Hand auf meine Schulter, als ob sie mich beruhigen wollte, und sagte dann: „Liebling, ich sage dir diese Dinge schon seit Jahren!" Dann drehte sie sich wieder um und schlief weiter.

Autsch! dachte ich. *Das war so schmerzvoll!* Aber in den folgenden Monaten saugte ich es auf und begann nach dem Input meiner Freunde zu handeln. Ich schätze, König Salomon hatte Recht, als er sagte: *„Die Schläge des Freundes meinen es gut..."* und *„ein Messer wetzt das andere und ein Mann den anderen."* (Sprüche 27,6.17). Es scheint vielleicht offensichtlich, aber die Wunden eines Freundes können nur von einem Freund kommen. Einen solchen Lebensstil zu führen kann manchmal hart sein, daher ist es wichtig, diese Kultur der „Rechenschaft" in deinem Leben zu entwickeln, bevor du sie brauchst. Dies wird dir ermöglichen, mit denjenigen, vor denen du Rechenschaft ablegst, eine

Beziehung der Ermutigung und des Vertrauens zu haben, bevor sie dich korrigieren müssen. Aber wenn du wartest, bis es ein Problem in deinem Leben gibt und du dann nach jemandem Ausschau hältst, der dich korrigiert, kann es schwer sein, seinen Ratschlag anzunehmen, wenn du noch nicht gelernt hast ihm mehr zu vertrauen als dir selbst.

Dating and Courting (Verabredung und „miteinander gehen")

Eine der häufigsten Fragen über *Dating* und *Courting* ist: „Was ist der Unterschied zwischen „mit jemandem gehen" und „jemandem den Hof machen", und was ist das passende Verhalten in einer gesunden romantischen Beziehung?" Bevor ich diese Fragen beantworte, lasst uns besprechen, was der Sinn und Zweck ist, sich zu treffen und sich kennen zu lernen. Für einige Menschen wurde das Wort „*dating*" benutzt, um zu beschreiben, was du mit dem anderen Geschlecht tust, um Spaß zu haben und dein Single Leben zu genießen und dass „*courting*" etwas ist, was du tust, wenn du auf der Suche nach einem Partner bist und du bereit bist zu heiraten. Ich habe eigentlich nichts gegen diese Unterscheidungen, aber ich denke nicht, dass sie in der heutigen Kultur sehr relevant sind.

Wenn du in der heutigen Zeit mit jemandem ausgehst, solltest du die Absicht haben, ihn oder sie kennenzulernen in der Absicht, sie oder ihn zu heiraten. Anderenfalls solltest du nur freundschaftlich mit ihm/ihr umgehen. Als Freunde sollten die Kriegsregeln immer noch eingehalten werden und dies aus sehr offensichtlichen Gründen. Es sollte keine romantischen Gesten geben, wie „Händchenhalten", den

Arm um den anderen legen oder Küssen. Diese Handlungen wecken Erwartungen in der anderen Person, die du nicht beabsichtigst zu erfüllen. In anderen Worten: wenn du mit jemandem nur herum hängst um Spaß zu haben und nicht, um deinen Seelenverwandten zu finden, dann stimuliert euch auch nicht in einer romantischen Weise. Aber wenn du dagegen jemanden „*datest*", sollte es deine Absicht sein, diesen Menschen wirklich kennenzulernen, um zu entscheiden, ob es der richtige ist, um sie oder ihn zu heiraten.

Während du lernst, in Beziehungen zu leben, in denen du Rechenschaft ablegst, wird es natürlich für dich werden, deine romantischen Beziehungen unter Leiterschaft zu geben. Diese Leiter sollten dir und deiner Freundin auch dabei helfen, einen Plan für „Reinheit" zu entwickeln. Hier sind ein paar Kriegsregeln, die niemals gebrochen werden sollten, wenn du wirklich auf dem sexuellen Schlachtfeld überleben willst.

Erstens: Geh niemals mit jemandem aus, oder entwickle eine romantische Beziehung mit jemandem, der nicht die gleichen Werte hat wie du. Wenn diese Person sich (noch) nicht entschieden hat, wie er oder sie über vorehelichen Sex denkt, so hat diese Person normalerweise beschlossen, seine/ihre Jungfräulichkeit nicht zu schützen. Der Kampf um deine Jungfräulichkeit ist zu teuflisch, um keine Eigeninitiative zu ergreifen. Wenn du nicht planst, wirst du versagen! Dies bedeutet offensichtlich dass du dich mit dieser Person über deine Überzeugungen unterhalten musst, *bevor* du irgendeine romantische Beziehung mit ihr eingehst.

Du denkst vielleicht: *Wow!, das ist aber eine schwere Unterhaltung mit jemandem, den ich gar nicht gut kenne.* Das stimmt, aber willst du lieber herausfinden, dass die Überzeugungen dieser Person das komplette Gegenteil von deinen sind, während du ihn an einem einsamen Ort ganz alleine abwehrst? Es geschieht doch immer wieder! Aus diesem Grund ist es das Beste, sich in Gruppen zu verabreden, bis du dich bei dem anderen wohlfühlst. Du wirst eine Menge über den anderen lernen durch die Menschen, mit denen er/sie Zeit verbringt. Denk daran: das vorrangige Ziel beim Werben, daten, miteinander ausgehen, ist, sich kennenzulernen.

Zweitens: Wenn ihr alleine zusammen ausgeht, dann habt vorher einen Plan. Zu entscheiden, was ihr tun wollt, nachdem du in das Auto steigst, ist jedenfalls kein guter Plan. Stell sicher, dass du weißt, was der Plan ist und dass du das Recht hast, ihn abzulehnen bevor du ins Auto steigst. Jungs, das ist der Ort, wo ihr das anwenden könnt, was ihr im letzten Kapitel gelernt habt. Es ist eure Aufgabe, dass sich die Prinzessin sicher und geborgen fühlt. Dir wurde ein Schatz anvertraut. Es ist wichtig, dass du ihre Reinheit beschützt. Wenn du mit ihr ausgehst, *musst* du einen Schlachtplan haben. Schau dir keine Filme mit ihr an, in denen Sexszenen vorkommen, und geh mit ihr nicht an Orte, wo sie sich unwohl fühlt. Ihr solltet nie alleine sein an Orten, wo es leicht ist Sex zu haben – in deinem Schlafzimmer, wenn du alleine zu Hause bist, oder irgendwo alleine in einem Auto.

Angemessenes Verhalten

Wenn du mit jemandem gehst, ist es wichtig, sich so zu verhalten, dass du den anderen nicht sexuell stimulierst. Diese Grenzen können unterschiedlich sein, aber wenn du eine ehrenhafte Beziehung haben willst, dann musst du die Grenzen des anderen respektieren. Wenn zum Beispiel der Mann beim Küssen nicht sexuell stimuliert wird, die Frau jedoch vor der Ehe nicht geküsst werden möchte, dann ist der Standard „nicht küssen". Die Person mit den engsten Grenzen muss zu dem Maßstab werden, den beide respektieren. Denn sonst fühlt sich eine Person immer verletzt und unsicher. Aber wenn du die Grenzen des anderen respektierst, obwohl sie für dich nicht notwendig sind, um rein zu bleiben, sendet dies eine klare Botschaft: *„Ich respektiere und ehre dich. Ich wertschätze, was du denkst und werde mit dir zusammenarbeiten, um deine Integrität zu erhalten. "* Dies hat mächtige Folgen und bildet einen Grundstein für eine wunderbare Ehe, wenn es sich herausstellt, dass diese Person die richtige ist.

Aber lasst mich euch einige Regeln mitgeben, die von jedem eingehalten werden sollten, egal wer du bist. Du solltest niemals die Geschlechtsteile des anderen mit *irgendeinem* Teil deines Körpers berühren (nicht nur mit den Händen), bis du verheiratet bist. Dies beinhaltet die Brust, den Po, die Leistengegend und die Beine. So ist das gegenseitige Umarmen ein großartiger Weg, dein Ehepartner sexuell zu stimulieren aber es ist nicht hilfreich, wenn du versuchst, deine Jungfräulichkeit in einer romantischen Beziehung aufrechtzuerhalten. Zungenküsse sind ebenfalls ziemlich dumm, wenn du versuchst, die Reinheit des anderen zu

schützen. Wenn du deine Zunge in den Mund des anderen steckst, simulierst du den sexuellen Verkehr und du wirst die Geschlechtsteile des anderen stimulieren (es sei denn, du bist tot oder so). Dein Körper wurde zur Fortpflanzung geschaffen, wenn du also Dinge tust, die deine sexuellen Systeme ankurbeln, sagst du damit deinem Körper, dass er sich bereit machen soll, Geschlechtsverkehr zu haben. Wenn all diese Systeme auf „grün" stehen, wird es sehr schwer, sie auszuschalten, ohne eine Rakete abzufeuern, sozusagen.

Die meisten dieser „*Kriegsregeln*" oder Richtlinien für einen Plan „Reinheit" verstehen sich wirklich von selbst, aber es ist erstaunlich, wie gesunder Menschenverstand plötzlich verschwindet, wenn du denkst, dass du jemanden liebst. Daher ist es unerlässlich, dass du dir, wenn möglich, die Zeit nimmst, einen Verhaltensplan zu erstellen, *bevor* du dich mit jemandem triffst. Ich glaube, je mehr Zeit du damit verbringst, in die Einzelheiten deines Lebens zu investieren, und in die Art der Beziehungen, die du haben möchtest, desto klarer wirst du Menschen um dich herum wahrnehmen, die die gleichen Ziele haben wie du, und umso besser wirst du fähig sein, diese Ziele deutlich gegenüber jemandem auszusprechen, an dem du vielleicht interessiert bist.

Im nächsten Kapitel werden wir darüber sprechen, wie man in gesunder Weise eine Beziehung führt. Aber bevor wir dies tun, möchte ich, dass ihr versteht, dass diese Richtlinien, die ihr gerade gelesen habt, keine unmögliche Aufstellung sein soll, der ihr folgen sollt. Das Ziel ist, dir dabei zu helfen, so zu denken und zu handeln, dass du ein gesundes Leben führen kannst. Wir alle wissen, dass es möglich ist, alles richtig zu machen und dennoch falsch zu liegen, da unsere Motive nicht die richtigen sind. Ebenso können wir uns selbst einreden, dass unser Verhalten akzeptabel ist, da wir ja nur die Regeln beugen und nicht brechen. Aber wenn unsere Motive falsch sind, oder wenn du anfängst, dich dafür zu rechtfertigen, hast du das Ziel, Richtlinien in deinem Leben zu haben, verfehlt.

Gott hat uns niemals deshalb Regeln gegeben, damit wir ein unfreies Leben führen können, bei dem es darum geht, was wir nicht tun dürfen. Gott hat einen Weg der Freiheit geschaffen für alle, die auf ihm gehen wollen, ein Weg, der dich aus der Gefangenschaft der Welt führt und dich in Ganzheit führt, damit alle deine Beziehungen die Qualität des Himmels ausstrahlen.

KAPITEL 5

Die Jagd

Von Jason Vallotton

Schon immer haben Menschen ihr Leib und Leben in die Hoffnung gesetzt, die wahre Liebe zu finden. Denn tief im Herzen wünscht sich doch jeder Mann, so wie Prinz Philipp zu sein, der mit seinem gewaltigen Schwert den Drachen besiegt, und dann als Held sein Dornröschen wach küsst. Genauso wünscht sich jede Frau insgeheim, von einem Ritter in glänzender Rüstung erobert zu werden und in ein Land unendlicher Romantik und erfülltem Verlangen gebracht zu werden. Walt Disney hat diese Wünsche der Menschheit auf großartige Weise erlebbar gemacht, aber freilich sieht man in Disneys Märchen

nichts von der mühsamen Arbeit, die notwendig ist, um ein glückliches Ende zu erleben. Wir sind nicht mehr im Mittelalter, wo Drachen um die Erde streifen und nach einer Prinzessin Ausschau halten, die sie gefangen nehmen können, und wo der Heldenmut des Ritters das Herz einer Jungfrau gewinnt. Anders als in den Tagen der Ritter und Prinzessinnen wurde Respekt und Ehre durch „Entscheidungsfreiheit" ersetzt, wobei die lauteste Stimme von den Meinungsmachern unserer zerbrochenen Medien kommt. Dies hatte eine enorme Verwirrung zur Folge, da unserem Kopf eine Sache gelehrt wird, aber unser Herz sich verzweifelt nach etwas Anderem sehnt.

Es ist so wichtig, dass wir dieses Netz der Verwirrung auflösen, indem wir die wahre Rolle von Männer und Frauen verstehen, während sie in Richtung Romantik gehen.

Auf die Plätze, fertig, los?

So viele Menschen unserer Gesellschaft haben Partnerschaften als die Reise eines Nomaden verstanden. Es gibt keinen wirklichen Anfang oder ein Ende; stattdessen bestimmt ihr Appetit, ihre Begierde und Gefühle ihr sinnloses Treiben. Und aus diesem Grund werden in den USA fast die Hälfte aller Ehen geschieden und die meisten Beziehungen lassen die Beteiligten in einem schlimmeren Zustand zurück als vorher.

Wir alle haben den Wunsch, dass das Schöne in einer Beziehung sich von selbst entfaltet, aber die Wahrheit ist, dass eine Beziehung keine Blume ist, die auf dem Feld steht, sondern eher ein Garten, der geplant, gesät und bis zur Ernte bestellt werden muss Beziehungen ohne Plan und Pflege werden schon bald von Unkraut überwuchert, das die wahre Liebe erstickt. Daher ist das Ziel bei einer Beziehung nicht, das Abenteuer aus der Beziehung heraus zu planen, sondern vielmehr das Feld der Ehre und des Respekts zu kultivieren, damit unsere Beziehungen frei sind von Angst und Sorge.

Kein Berg zu hoch

Lasst uns das Thema Beziehungen auf eine andere Weise betrachten. Stell dir vor, dass du mit einigen Freunden in den Yosemite National Park gehst, um den Half Dome zu besteigen, aber keiner von euch ist jemals zuvor geklettert. Lange bevor du überhaupt am Fuße des Berges ankommst, gibt es viele Dinge, die du brauchst, damit das auch wirklich ein echtes Abenteuer wird. Ohne sehr intensives Klettertraining und grundlegendes logistisches Planen würde das, was ein großartiges Vorhaben sein sollte, bald in einem felsigen Albtraum enden. Jedoch bist du nun, durch gute Vorbereitung *vor* der Erkundung, in der Lage, den Nervenkitzel des Kletterns zu genießen.

Beziehungen sind fast so wie Klettern - sie benötigen Planung und Vorbereitung, damit beide Individuen die Reise genießen können. Daher solltest du dich hinsetzen und dir ein paar Fragen stellen, bevor du einen Schritt in Richtung Beziehung tust: Bin ich für eine Beziehung bereit? Woher weiß ich, dass ich bereit bin? Ist die Person, mit der ich gehen möchte, bereit dazu? Es ist sinnlos, in einer Beziehung zu sein, für die eine/r oder beide nicht bereit sind. Obwohl es so etwas wie eine perfekte Person

oder einen fehlerfreien Plan nicht gibt, gibt es Menschen, die für eine romantische Beziehung vorbereiteter sind als andere, und es gibt Pläne, die meistens zum Erfolg führen.

„Okay, aber wie weiß ich, ob ich wirklich für eine romantische Beziehung bereit bin?", fragst du. Du bist bereit, wenn du für die Person, mit der du zusammen bist, ein Gewinn bist und es keine Rolle spielt, wie die Beziehung enden wird.

Jungs, denkt darüber nach, wie eure Beziehung aussehen würde, wenn ihr mit Gottes Tochter ausgehen würdet. Wenn du annähernd so bist wie ich, würde ich nie etwas tun, was sie verletzen könnte. Tatsächlich würde ich dafür sorgen, dass sie sich besonders geschätzt und beschützt fühlt, wenn sie mit mir zusammen ist.

Mädels, das Gleiche gilt für euch, wenn ihr mit einem Sohn Gottes ausgeht. Ihr müsst sicherstellen, dass eure Handlungen und eure Teilnahme ihm das Gefühl geben, geschützt und geschätzt zu sein, unabhängig davon, ob die Beziehung hält oder nicht.

Dies bedeutet, dass du gesund sein musst, bevor du mit jemandem gehst, indem du dich erst um deine eigenen Probleme kümmerst, bevor du dich auf jemand anderen konzentrierst. Es ist keine Schande, sich einzugestehen, dass du einige Kämpfe hast, um die du dich persönlich kümmern musst, bevor es weiter geht. Woran du denken musst, ist, dass in einer Beziehung alle Risse in deinem Fundament vergrößert und durch den Druck einer anderen Person aufgedeckt werden, die auf dem Fundament deines Lebens steht. Oftmals verursachen diese Risse Schmerzen in den Menschen, die versuchen, dich zu lieben. Es ist fast wie Gewichtheben. Wenn du gesund bist, dann macht dich Gewichtheben stärker, aber wenn du verletzt bist, wird Gewichtheben deinem Körper nur noch mehr Schaden zufügen. Um einen gesunden Körper zu haben musst du dich zuerst um die Verletzung kümmern, bevor du ihm die Belastung zumutest, die man für Gewichtheben benötigt. Noch einmal, du musst gesund sein, bevor du das Gewicht der Verantwortung für jemanden anderen übernimmst.

Wenn du nicht ehrlich sagen kannst, ob du bereit bist, mit jemand anderem zusammen zu sein, und diese Person besser dran ist, wenn du sie verlässt, egal was in der Beziehung geschieht, dann solltest du dir mit einem Mentor oder Berater Zeit nehmen, um an diesen notwendigen Bereichen zu arbeiten, bis du sicher bist, dass die Risse in deiner Persönlichkeit bearbeitet sind.

Der Plan für den nächsten Schritt

Zu wissen, wann man den nächsten Schritt in einer Beziehung gehen soll, sollte nicht abhängig sein von Stars oder einer bestimmten Person, sondern man sollte aktive Schritte gehen, die in deutlich kommunizierten Absichten und Erwartungen bestehen.

Aber bevor du jemandem sagen kannst, dass du mit ihm oder ihr zusammen sein willst, musst du wissen, wer du bist und wonach du in einer Beziehung suchst. Dies wird dir helfen zu entscheiden, nach wem du suchst und dich sicher machen, was du in die Beziehung einbringen kannst.

Wer du bist, ist eine Kombination aus deiner Identität, dem, was du glaubst, deinen Leidenschaften, Wünschen,

Talenten und dem Wesen deiner Persönlichkeit. Jedes dieser Attribute sollte sorgfältig studiert und wertgeschätzt werden, weil du diese Eigenschaften in jede deiner Beziehungen bringen wirst. Eines der größten Ziele im Leben ist, diese Eigenschaften mit den Augen Gottes zu sehen. Bill Johnson sagt: „Wir haben kein Recht, einen Gedanken zu haben, der nicht im Herzen Gottes ist." Je mehr du dich selbst kennst, umso mehr bist du fähig von dir zu geben und umso sicherer wirst du in einer Beziehung sein.

Es gibt keine perfekte Aufstellung von „Wünschen", die du in einer Beziehung verfolgen solltest (und offensichtlich gibt es schlechte Wünsche, die ganz klar überhaupt keine Rolle in unserem Leben spielen sollten). Aber das Meiste, was du in einer anderen Person suchen „solltest" ist abhängig von persönlicher Präferenz. Ich meine damit, dass du, je mehr du deine eigenen Bedürfnisse und Wünsche kennst und verstehst, umso besser erkennen kannst, wonach du in einer Beziehung (mit einer anderen Person) suchst.

Deine Bestimmung wird sehr davon abhängen, für welche Person du dich entscheidest. Wenn du zum Beispiel ein Missionar im Dschungel im Kongo sein möchtest und du dich für jemanden entschieden hast, der Abenteuer hasst, ist es nicht schwer sich auszumalen, dass ein Desaster bevorsteht. Damit diese Beziehung eine Erfolgschance hat, müsste eine/r von euch bereit sein, seinen Lebenstraum der Beziehung willen zu opfern, und das klappt gewöhnlich nicht wirklich gut. Jemanden zu finden, der die gleiche Leidenschaft und den gleichen Ruf im Leben hat, kann eine großartige Partnerschaft bedeuten. Denke daran: du versuchst nicht, jemanden zu finden, mit dem du zusammen leben *kannst* – du möchtest jemanden finden, ohne den du *nicht leben willst*. Paare mit gleichen Leidenschaften haben eine natürliche Verbindung, die weniger Arbeit benötigt, um ihre Beziehung gesund zu erhalten.

Ein anderer Weg herauszufinden, was du dir in einem Partner wünschst, ist mit verheirateten Paaren Zeit zu verbringen und zu sehen, wie sie miteinander umgehen. Beobachte genau die Eigenschaften, die du an ihnen bewunderst und die, die du nicht magst. Indem du entdeckst, wer du bist und wo du hingehst und welche Eigenschaften du in anderen magst, solltest du immer mehr in der Lage sein, herauszufinden, wonach du suchst, wenn du es in jemand anderem siehst.

DBD - die Beziehung definieren

Es gibt kaum eine Abkürzung auf dieser Welt, die so in die kühle Realität führen, wie diese Buchstaben: DBD. Falls du diese Abkürzung nicht kennst – es bedeutet: die Beziehung definieren. Bei uns hier ist DBD genauso geläufig, wie es ‚LOL' in Textnachrichten ist. Du kannst den Flur unserer Schule entlang gehen und hören, wie man darüber redet, wie der oder die am Wochenende DBD't haben. Egal wer im Raum ist – jeder weiß sofort, wovon man gerade spricht. Auch wenn dieser Ausdruck ein Klischee geworden ist, so ist er doch für das Wohl unserer Umgebung immer noch nützlich. Mit DBD sollte wirklich jede „offizielle" Beziehung beginnen. Es bedeutet, dass jede Person kommuniziert, welche Absichten oder Erwartungen er oder sie in einer Beziehung hat.

Traditionell benutzten Menschen sprichwörtliche Zeichen der Zärtlichkeit, um dem anderen sein Interesse zu zeigen - von dem kleinen Mädchen, das den Jungen auf dem Spielplatz schlägt, bis hin zu dem Jungen, der vor seinem Schwarm angibt, indem er sich wie ein Klassenclown verhält. Die Menschheit hat schon immer romantische Kommunikation in Form von solchen Zeichen bevorzugt, denn das Risiko, abgelehnt zu werden ist von Natur aus gering.

Sich so zu verhalten bedeutet, dass jede Person die unmögliche Aufgabe hat, den Geheimcode eines anderen zu entschlüsseln oder - noch schlimmer - dass die Botschaft nie ankommt. Den „Liebestanz" von jemandem zu entschlüsseln kann ein unglaublich komplexer Weg sein, eine Beziehung zu beginnen, die auf Vertrauen aufgebaut sein sollte.

DBD ist der richtige Weg, eine romantische Beziehung zu beginnen. Man braucht ein bisschen Mut, aber es ist keine Wissenschaft. Im Grunde bedeutet es, ihn oder sie an einen ruhigen Ort zu bringen, an dem du mit ihm/ihr reden und erklären kannst, wo du stehst und welches deine Absichten für die Beziehung sind und umgekehrt. Das Schöne an diesem Prozess ist, dass alles ans Licht kommt; es gibt keinen verborgenen Code zu entschlüsseln oder Gedanken, die man lesen muss. Auf diese Weise schaffen wir keine Erwartungen auf beiden Seiten, die wir nicht erfüllen können.

Mit Ruhe und Beharrlichkeit ans Ziel

Romantische Beziehungen sind bekannt für das schwierige aber aufregende Abenteuer, jemandem zu erlauben, unsere äußeren Grenzen zu überwinden, damit er oder sie den Kern unseres Herzens sehen und beeinflussen kann. Wenn du jemals einem Arzt bei einer Herzoperation zugeschaut hast, verstehst du, was ich mit langsam und beständig meine. Der erfahrene Chirurg nimmt sich Zeit, achtet genau auf jedes Detail und weiß, dass zu viel oder zu wenig von einer Sache für das Leben des Patienten schädlich sein kann. Natürlich weiß ich, dass die Entwicklung einer romantischen Beziehung keine Herzoperation ist, aber, so seltsam es scheint, es lassen sich einige dieser Prinzipien anwenden, wenn es um das Herz eines anderen geht; geh langsam und beständig vor; und achte genau auf das kleinste Detail der Beziehung. Und wie der erfahrene Spezialist ein Skalpell benutzt, so sind Vertrauen und Frieden die Werkzeuge deiner Operation. Diese Werkzeuge sollten die Tiefe des Zuganges vorgeben, die du im Herzen des anderen zulässt. Wenn du zulässt, dass deine Emotionen, deine Unsicherheit oder dein Sexualtrieb den Grad deiner Herzensverbindung bestimmt, so ist dies das Rezept für eine gescheiterte Beziehung.

Eine der größten Gefahren für jede neue Beziehung ist das spontane Zeigen von euphorischen Emotionen, die weise Männer in betrunkene Poeten verwandeln, und zwar von einem Moment zum anderen. Ich kann euch nicht sagen, wie oft ich unschuldige, eigenwillige Paare gesehen habe, die in einer Welt voller Schmerz enden, weil sie die treibende Kraft von ungezügelten Emotionen unterschätzt

haben. Unsere Gefühle sind ein sehr wichtiger und kraftvoller Teil einer jeden Liebesbeziehung. Sie sind jedoch keine große Hilfe wenn es um Entscheidungen geht. Zu Beginn einer neuen Beziehung gibt es vier gesunde Richtlinien, die dir dabei helfen deinen Kopf inmitten der darauf folgenden Angriffe von Euphorie frei zu halten.

Vier Richtlinien fürs „Dating"

Richtlinie 1: Beginne vorsichtig, und arbeite dich langsam voran

Unsere verrückten Gefühle haben es an sich, die Geschwindigkeit zu erhöhen und dies viel schneller, als die andere Person es mag. Es erinnert mich daran, was geschah, als ich lernte mein erstes Auto zu fahren. Es war eine aufregende Erfahrung, mit 15 Jahren das erste Mal Auto zu fahren. Ich kann mich erinnern, dass mein Vater mehrere Male den Nachmittag als Beifahrer mit mir in unserem gebrauchten Pontiac 6000 verbrachte, während ich durch die Straßen von Weaverville in Kalifornien fuhr. Und du kannst dir vorstellen, dass mir Verkehrszeichen wie „Tempolimit 50 km/h" bei meinem erhöhten Adrenalinspiegel reichlich egal waren. Wenn es nach mir ginge, hätte ich den Tachometer oberhalb von 180 km/h fixiert. Aber weil mein Vater im Auto sitzt und weil er eine bessere Vorstellung davon hat, was gesund in meinem Leben ist, ist er in der Lage, mir Richtlinien zu geben, die mir erlauben, ein Auto in einer sicheren Umgebung zu fahren, sogar wenn ich unter dem Einfluss von Adrenalin bin. Indem ich mich dem Tempolimit beuge und den Richtlinien meines Vaters gehorche, wird die Erfahrung, mit Verantwortung umzugehen, in Wirklichkeit mein Leben bereichern, statt zu beenden.

Beim Aufbau einer neuen Beziehung gelten die gleichen Prinzipien. Es ist wirklich wichtig, dass beide mit der Geschwindigkeit umgehen können indem sie langsam aufeinander zugehen, während Vertrauen aufgebaut wird. Der Grad deines Vertrauens und deiner Verpflichtung sollte immer das Ausmaß der Intimität bestimmen, das jeder von euch in die Beziehung einbringt. Indem du diese Regel respektierst wirst du mit der Zeit langsam immer intimer werden während sich Vertrauen und Verpflichtung aufbaut. Allzu oft nutzen wir unsere Intimität, um eine Verbindung und eine Beziehung aufzubauen, anstatt dass wir zulassen, dass das Fundament des Vertrauens unsere Intimität aufbaut. Wenn ich dir das heiligste und verletzlichste Teil von mir geben will, bin ich besser sicher, dass du weißt, wie du damit umgehst bevor ich es dir anbiete. Das Schöne daran, langsam aufeinander zuzugehen ist, dass das Risiko, ein gebrochenes Herz zu haben dramatisch sinkt, weil wir zulassen, dass Verpflichtung und Vertrauen das Tempo unserer Leidenschaft bestimmt.

Richtlinie 2: Erst reden, dann handeln

Gute Kommunikation ist wahrscheinlich das größte Puzzleteil, das den meisten Beziehungen fehlt. Nur weil du einmal DBD gemacht hast, bedeutet das nicht, dass alles gut ist. Ich habe einmal von einem verheirateten Paar gehört, das in der Eheberatung war, weil die Frau sich mit ihrem Mann nicht mehr verbunden fühlte. Der Eheberater hörte ihr zu, während sie erklärte, warum sie sich von

ihrem Mann nicht mehr geliebt fühlte. Nachdem er dies gehört hatte, fragte er den Ehemann, was er denn dazu sagen wollte. Seine Antwort war schockierend, aber vielleicht für Männer allzu typisch. Der Ehemann sagte: „Ich habe ihr gesagt, dass ich sie seit unserem Hochzeitstag liebe und wenn ich jemals meine Meinung ändere, würde ich es ihr sagen." *Autsch!* Der Mangel an Kommunikation in dieser Beziehung hatte zur Folge, dass sich eine Person fragte, ob sie von der wichtigsten Person in ihrem Leben geliebt wird. Dies schuf eine große Trennung zwischen ihnen. Du kannst sicher sein: wo immer es an Kommunikation fehlt, werden Angst und Furcht Einzug halten und die Liebe austreiben.

Kommunikation ist entscheidend für jede Beziehung. Ohne sie gibt es keine Hoffnung auf eine wahre, intime Verbindung. Wenn du gerade erst beginnst, stelle sicher, dass du keine großen Schritte gehst, ohne dass du zuerst mit deinem Partner darüber gesprochen hast. Ein großer Schritt ist jede Entscheidung, die die andere Person betreffen wird: ob es darum geht, wie oft ihr euch trefft, bis zum Händchen halten, küssen oder irgendetwas, das die Bedürfnisse der anderen Person verletzen könnte. Indem ihr über jeden Schritt sprecht und eure Bedürfnisse und Wünsche mitteilt, wird eine Umgebung von Vertrauen geschaffen, in der Intimität wachsen kann. Vertrauen baut sich auf, wenn die Bedürfnisse jeder Person geschätzt und geschützt werden und wo Vertrauen ist, kann sich Intimität entwickeln.

Ein weiterer großer Aspekt der Kommunikation ist die Fähigkeit, Erwartungen in der Beziehung zu stellen und zu erfüllen. Du kannst sicher sein: wann immer mehr als eine Person involviert ist, gibt es Erwartungen, die erfüllt werden müssen. Die richtigen Erwartungen zu haben, ist entscheidend für die Gesundheit von beiden, weil jede Erwartung, die nicht erfüllt wird, weh tut. Jedoch führt in gleicher Weise eine erfüllte Erwartung zu Vertrauen und Verbindung. In eurer ganzen Beziehung werden sich die gegenseitigen Erwartungen immer wieder verändern, während die Beziehung reift. Daher ist es entscheidend, dass beide über seine/ihre Erwartungen spricht, damit die Bedürfnisse in der Beziehung erfüllt werden, während man sich immer besser kennen lernt.

Richtlinie 3: Treffe keine verbindliche Entscheidung unter emotionalem Einfluss

Lass es mich erklären. Eine verbindliche Entscheidung ist jeder Schritt, der dich in ein höheres Level an Innigkeit führt. Die Geschwindigkeit, mit der zwei Menschen Intimität schaffen, sollte nicht von Gefühlen oder plötzlichen Wünschen bestimmt werden; sie sollte eher von dem Level des Vertrauens und der Verpflichtung in der Beziehung bestimmt werden. Wenn du dich zum Beispiel entscheidest, die Hand eines Mädchens zu halten, oder das Wort „Liebe" benutzt, dann stelle sicher, dass die Beziehung für diese Art Intimität bereit ist. Weil unsere Emotionen so stark sind, sind die Entscheidungen, die wir *„unter emotionalem Einfluss"* treffen, oft ganz anders, als die Entscheidungen, die wir treffen würden, wenn wir *„nüchtern"* wären.

Verbindliche Entscheidungen, die wir „nüchtern" treffen, bewahren die Beziehung davor, eine emotionale Achterbahn zu werden, und verringern ganz wesentlich unsere

Gewissensbisse und das Bedauern, wenn wir merken, dass wir übereilte Entscheidungen getroffen haben. Jedes Mal, wenn du vorhast, einen größeren Schritt in Richtung Intimität zu gehen, stell sicher, dass Weisheit dich in dieser Entscheidung führt und nicht deine berauschenden Wünsche.

Ein wirklich sicherer Weg zu erkennen, ob deine Entscheidungen aus einem klaren Verstand kommen, ist, eine Nacht über die Entscheidungen, die du treffen möchtest zu schlafen. Lass es mich klarstellen. Als ich das erste Mal mit einem Mädchen ausging, schloss ich einen Bund mit mir selbst, dass ich im Moment keine endgültigen Entscheidungen treffen würde. Für mich bedeutete dies, dass wenn ich mich mit einem Mädchen traf, ich weder ihre Hand nehmen oder sie küssen würde, egal wie sehr ich es mir wünschte, und zuerst nach Hause gehen und darüber schlafen würde. Und wenn ich am nächsten Morgen aufwachte und immer noch so fühlte, würde ich diesen Schritt nur dann gehen, wenn sie es auch wollte. Ich kann euch nicht sagen, wie oft mich dieses Prinzip vor einer kompletten Katastrophe bewahrt hat, und dies nicht nur in meinem Liebeslieben, sondern auch in jedem anderen Bereich meines Lebens. Nüchterne Entscheidungen zu treffen, ist der einzig sichere Weg im Leben.

Richtlinie 4: Verlass dein Haus nicht ohne deinen Frieden

Es gibt so viele Faktoren, die eine Rolle spielen, wenn du eine gesunde Person sein möchtest und ein gesundes Leben führen willst. Frieden ist einer dieser Faktoren, ohne den du einfach nicht aus dem Haus gehen solltest. Schon ganz oft in meinem Leben befand ich mich in heroischen Kämpfen um meinen eigenen Frieden. Diese Kriege werden weder durch den Klang einer Trompete angekündigt, die vor einem gegenüberstehenden Feind warnt, noch gibt es Soldaten die ganz deutlich auf dem Schlachtfeld stehen und Schilde und Speere in Händen halten. Das Schlachtfeld sind unsere Gedanken und der Gegner die trügerischen Lügen, die unentdeckt herumschleichen. Wenn du zu den Lebenden gehörst, dann hast du diese Kämpfe erlebt.

Die Gegner, die wir bekämpfen, manifestieren sich in Form von Unsicherheit, Ärger, Einsamkeit, Ablehnung, Selbstmitleid und Frustration. Und obgleich diese Gefühle nicht schlecht sind, werden sie teuflisch zerstörerisch sein, wenn man nicht aufpasst. Eines der wichtigsten Dinge, die man über diese Gefühle wissen muss, ist, dass sie unsere sofortige Aufmerksamkeit brauchen, weil sie einen solch großen Einfluss auf uns haben. Ich bezeichne diese Gefühle als *rote Flaggen*. Jede rote Flagge, ob es Einsamkeit oder Unsicherheit ist, macht dich extrem verletzlich.

Wenn sich zum Beispiel ein Teenager in einer Beziehung befindet, sich unsicher fühlt und sich nicht darum kümmert, bevor er oder sie das Haus verlässt, so geht er/sie ein riesiges Risiko ein, dieses Sicherheitsbedürfnis mit einer Art sexueller Begegnung zu stillen. Daher ist hier das Ziel, die roten Fahnen zu erkennen und sich schnell darum zu kümmern bevor du das Haus verlässt, nämlich indem du diesem Bedürfnis auf *gesunde Weise* begegnest.

Vor ungefähr drei Monaten wurde ich um 7 Uhr morgens wach und stellte fest, dass mein Gehirn bereits einige Zeit wach war und Dinge verarbeitete. Während ich

im Bett lag gingen mir diese Gedanken der Unsicherheit durch den Kopf und sie wurden mir bewusst. Eine Sekunde lang dachte ich daran, sie einfach wegzuschieben und weiter zu schlafen, in der Hoffnung, dass sie irgendwie einfach verschwinden würden. Aber je länger ich da lag, wurde mir immer mehr bewusst, dass diese „Sabotage" nicht friedvoll verschwinden würden. Das Gefühl der Unsicherheit begann langsam, meine ganze Seele einzunehmen. Ich musste mich entscheiden, ob ich es ignorieren oder dagegen ankämpfen sollte. Als ich so darüber nachdachte, überlegte ich mir, dass es wahrscheinlich eine wirklich schlechte Idee wäre, das Haus mit einem sehnsüchtigen Herzen und ohne Frieden zu verlassen. Und da ich an diesem Tag frei hatte, entschied ich mich dafür, drei Stunden im Bett zu bleiben, in meiner Bibel zu lesen, auf Gott zu hören und mich mit meinen Gedanken auseinanderzusetzen. Ich nahm mir vor, den Krieg zu gewinnen, bevor der Tag vorüber wäre. Die Zeit verging und schließlich packte ich all diese Lügen, die meine Unsicherheit hervorriefen, an der Wurzel, und mein Friede kam zurück.

Warte eine Sekunde, bevor du das Haus verlässt und sieh, ob es irgendwelche rote Flaggen in deinem Herzen gibt. Wenn dies der Fall ist, dann schütze dich und deine Umgebung, indem du dich sofort darum kümmerst. Jedoch gibt es Zeiten, wo Umstände dir einfach nicht erlauben, dich sofort um diese Themen zu kümmern. Sei dir in diesen Zeiten vollends bewusst, wie du dich fühlst und versuche, keine wichtigen Entscheidungen zu treffen, bis du dich um dein Problem kümmern kannst, und wieder „gesund" wirst.

Erwachsen werden

Alle Menschen auf dieser Welt wurden mit einer bestimmten Anzahl von göttlichen Bedürfnissen geboren, die sich ändern, während wir heranwachsen. Wenn du dich zum Beispiel jemals um ein Baby gekümmert hast, dann weißt du genau, wovon ich rede. In den ersten Jahren seines Lebens benötigt ein Kind deine ganze Aufmerksamkeit. Man verbringt unzählige Stunden mit füttern, dem Auffüllen der Schnabeltasse und damit, sich um jedes Bedürfnis zu kümmern, das die Menschheit je kannte. Die Kindheit ist die Phase, in der man von anderen abhängig ist und man die eigenen Bedürfnisse nicht selbst stillen kann.

Wenn Kinder größer werden, reifen sie zu Heranwachsenden heran, und entwickeln sich von vollkommener Abhängigkeit hin zur Unabhängigkeit. In der unabhängigen Phase ihres Lebens beginnen sich ihre Bedürfnisse zu verändern. Sie haben nicht länger den Wunsch oder das Bedürfnis, dass Mama und Papa ihnen die Nase putzt oder sie morgens anzieht. Sie haben nun das Bedürfnis, sich selbst stark genug zu fühlen und fähig zu sein, sich um sich selbst zu kümmern. Sie möchten frei sein von der „Gebundenheit", eine „Helikopter-Mama" zu haben, die den ganzen Tag um sie herum schwebt und versucht, ihre Bedürfnisse zu stillen. Dies sind die Jahre, in denen Kinder Vertrauen in ihre Fähigkeit aufbauen, Probleme zu lösen und zu lernen, gute Entscheidungen in Gegenwart von Erwachsenen zu treffen, die sie leiten können.

Während sie vom Heranwachsenden zum Erwachsenen reifen, gehen sie von der unabhängigen Phase des Lebens

hin zur höchsten Lebensebene, in die gegenseitige Abhängigkeit. Gegenseitige Abhängigkeit bedeutet, dass ich dir meine Stärke leihe, um dir zu helfen, alles zu werden, was du sein kannst, und dass du mir deine Stärke leihst, um mir zu helfen, das zu werden, wozu ich geschaffen wurde. Gegenseitige Abhängigkeit kommt aus der tiefen Überzeugung daran, dass wir alleine nie all das haben, was wir brauchen, sondern dass wir zusammen alles erreichen können. Diese Lebensebene ist so wichtig, da es keinen Weg in diesem Leben gibt, auf dem du deine Bedürfnisse ohne die Hilfe anderer Menschen stillen kannst, noch kann irgendjemand sonst alle seine Bedürfnisse ohne andere Menschen stillen.

Jedoch findet man allzu häufig Menschen, die nie von der Denkweise des Heranwachsenden hin zur Denkweise eines Erwachsenen übergegangen sind; sie leben als Erwachsener isoliert und versuchen, all das zu erreichen, was sie selbst können. Solche Menschen leben häufig ein zerbrochenes und ungesundes Leben.

Der „Gott-Faktor"

Zu lernen, unsere Bedürfnisse auf gesunde Weise zu stillen, ist unerlässlich, denn wenn unsere Bedürfnisse nicht gestillt werden, enden wir in einer Welt voller Schmerz. Es ist wichtig zu wissen, dass es Bedürfnisse gibt, die nur Gott stillen kann und dass es Bedürfnisse gibt, die von Menschen gestillt werden sollten. Die Herausforderung besteht darin, jede Rolle zu verstehen, damit wir vollständig sein können und uns nichts mangelt. Gott ist die wichtigste Quelle für Leitung, Schutz, Trost, Wiederherstellung, Identität und Liebe. Es gibt auf dieser Welt niemanden, der uns die unveränderliche Sicherheit und Liebe geben kann wie Gott. Wir sind einfach wunderbar, denn wir sind nach Seinem Bild geschaffen. Wir sind geliebt, da Er Sein Leben für uns gab. Wir sind sicher, weil er die Welt in seinen Händen hält. Wir sind getröstet, weil der Heilige Geist (der Tröster) in uns wohnt. Wir sind ganz gemacht, weil ER durch das Kreuz Heilung brachte und wir haben eine Zukunft, da, wie Jeremia sagt, „*Gottes Plan ist, uns Zukunft und Hoffnung zu geben!*" (Jer 29,11)

Jedes Mal, wenn wir von jemand anderem erwarten, unsere Bedürfnisse zu stillen, werden wir Probleme bekommen. Ich weiß jetzt, was du denkst: Sollen wir uns nicht von anderen Menschen geliebt und geschätzt fühlen? Es gibt einen Unterschied zwischen liebenswert zu sein und sich geliebt zu fühlen. In einer Liebesbeziehung zum Beispiel haben wir ein riesiges Bedürfnis, uns von dem Anderen geschätzt und geliebt zu fühlen. Wir sind jedoch nicht liebenswert, weil *sie* uns mögen, sondern auf Grund dessen, was *Gott* über uns sagt, und auf Grund dessen, wie *Er* uns geschaffen hat! Wenn sie uns daher als Person nicht schätzen und lieben, dann befinden wir uns in einer Beziehung, die nirgendwo hin führt. Wir können nicht mit jemandem zusammen sein, der uns nicht so sieht, wie Gott es tut … es wird einfach nicht funktionieren.

Wenn du dir genauer anschaust, wie der Mensch geschaffen wurde, so ist wirklich leicht zu erkennen, dass Männer und Frauen dazu bestimmt wurden, in einer Bündnisbeziehung zu leben. In 1.Mose 2,18 sagt Gott, „*Es ist nicht gut, dass der Mensch allein sei.*" Daher nahm er eine Rippe von Adam und machte eine Helferin für ihn. Wenn du innehältst und darüber nachdenkst, siehst du, dass Adam ein riesiges,

klaffendes Bedürfnis nach Intimität hatte. Er brauchte einen Gefährten, einen Liebhaber und Lebenspartner. Gott wusste, dass der einzige Weg, dieses Bedürfnis zu stillen der war, etwas zu nehmen, was sein Herz zu schützt, nämlich eine Rippe, und daraus seine Frau zu formen.

Wir wurden alle geschaffen, um bewundert zu werden und in innigen Beziehungen zu leben. Ohne diese dynamischen Geschehnisse in unserem Leben sind wir wie eine Person, der Eisen fehlt. Wir werden schwach und kraftlos und sehnen uns nach der Annahme von jemandem, der uns zutiefst kennt. Intimität ist so wichtig, da wir auf diesem Wege die höchste Ebene der Liebe empfangen.

Wenn jemand unsere guten, schlechten und hässlichen Seiten kennt und sich dennoch entscheidet, uns (bedingungslos) zu lieben, erfahren wir bedingungslose Annahme. Manche Menschen definieren Intimität als „du schaust in mich herein". Menschen, die sich vor Intimität fürchten, haben sich nie wirklich geliebt gefühlt. Sie scheuen jede Zuneigung oder Bestätigung, weil sie fürchten, dass sie abgelehnt werden, wenn man sie wirklich kennt. Und so schließen sie daraus, dass der einzige Grund, warum Menschen sie lieben, der ist, dass sie nicht wissen, wer sie wirklich sind. Intimität erlaubt Gott, uns durch Sein Volk zu lieben.

Lieber John

Das wahre Risiko der Intimität besteht in einem gebrochenen Herz. „*Lieber John, in den nächsten Zeilen dieses Briefes werde ich dir all die schönen Teile, die du mir von dir gegeben hast, zurückgeben.*" Dies ist die Art von Briefen, die wir alle fürchten. Nur wenige Dinge im Leben sind so schmerz-haft wie eine romantische Misere. In einem Moment wird jede Erinnerung, die normalerweise das warme Gefühl der Zärtlichkeit hervorbringt zu einem Pool voller Schmerzen. Aber es gibt keinen Weg, Liebe zu riskieren, ohne das Risiko von Herzschmerz einzugehen. Wir können in Wirklichkeit nur in dem Maße geliebt werden, wie wir verletzt werden können; daher ist Risiko Teil des Prozesses. Wenn wir jedoch eine Vorstellung haben, wie wir mit einer Trennung umge-hen können, werden wir auch die Sicherheit haben, ohne Ängste eine innige Beziehung zu entwickeln.

Die meisten Menschen haben so viel Zeit damit ver-bracht, Schmerz zu vermeiden, dass sie keine Vorstellung davon haben, was zu tun ist, wenn sie Schmerz erfahren. Die häufigste Antwort darauf ist, ihn zu ignorieren und ihn tief in unserer Seele zu verbergen, in der Hoffnung, dass er eines Tages einfach verschwindet. Die Wahrheit könnte davon nicht weiter entfernt sein!

Wenn wir durch Schmerz gehen, ist es wichtig, dass wir wirklich das wahrnehmen, was wir fühlen. Indem wir aner-kennen, was in uns vorgeht, finden wir auch die Lösung für unseren Schmerz.

In Matthäus 5,4 steht: „*Selig sind, die da Leid tragen/trauern, denn sie sollen getröstet werden!*" Ohne Trauern gibt es keinen Trost für unsere Seelen.

Kinder werden mit einem instinktiven Wissen geboren, wie man mit Schmerz umgeht. Wenn du mal eine gewisse Zeit mit ihnen verbracht hast, wirst du sehen, dass sie bei der kleinsten Verletzung Tränen vergießen. Im Gegensatz zu vielen Erwachsenen haben sie die einzigartige Fähigkeit,

mit einer Menge Enttäuschungen umzugehen. Verschiedene Male beobachtete ich, wie ein Kind von einem anderen Kind abgelehnt wurde, und deswegen ein paar Minuten weinte und am Ende des Abends wieder mit dem gleichen Kind spielte. Wie kann das sein? Das Kind trauerte über seine inneren, schmerzvollen Gefühle, empfing Trost und vergaß es. Wenn du durch Schmerz gehst, sollte jeder schmerzvolle Gedanke verarbeitet und betrauert werden, bis du Trost empfängst. Indem du es *nicht* verdrängst, wirst du schließlich deinen Herzschmerz überwinden und frei von Schmerz sein.

Ich habe herausgefunden, dass einer der besten Wege, um Schmerz zu verarbeiten der ist, es in ein Tagebuch zu schreiben oder darüber zu singen. Glaub es oder nicht, aber eine Menge der Musik, die wir hören und genießen hatte ihren Anfang bei jemandem, der sich in einem Prozess der Überwindung befand. Wir müssen ehrlich mit uns selbst sein, wie und warum wir so fühlen, aber wir dürfen da nicht stecken bleiben. Wir müssen Gott in das Bild einbeziehen. Wenn wir uns zum Beispiel betrogen fühlen, sollten wir aufschreiben, warum wir so fühlen, darüber trauern, darüber nachdenken und nachdem wir all das getan haben, Gott fragen, wie Er darüber denkt. Wenn wir dies getan haben, fragen wir Gott, wie Er die Menschen sieht, von denen wir uns betrogen fühlen. Indem wir sie mit Gottes Augen sehen, werden wir mit der Barmherzigkeit verbunden, die Er für sie hat, trotz allem was sie uns angetan haben. Jetzt ist der perfekte Zeitpunkt ihnen all das zu vergeben, was wir gerade aufgeschrieben haben. Dies ist der Prozess der Vergebung.

Wenn die Beziehung einmal zu Ende geht und dieser Prozess beginnt, ist es Zeit, neue Grenzen für unsere Herzen aufzustellen. Oft dehnen wir den Prozess der Wiederherstellung hinaus, weil wir unsere Herzen nicht schützen, und unsere früheren Beziehungen nicht aufarbeiten. Es ist so verführerisch, auf Facebook zu gehen, sich die Fotos unseres Freundes/unserer Freundin anzusehen, während wir uns in den Schlaf weinen. Wenn eine Beziehung vorbei ist, müssen wir daran arbeiten, sie oder ihn aus diesem Teil unseres Herzens zu bekommen. Was wir verstehen müssen, ist, dass die Beschäftigung mit jemandem Leidenschaft in uns weckt. Wenn wir Leidenschaft schaffen, die nicht erfüllt werden kann, füllen wir unsere Seelen mit Hoffnung, die nur dann zerbricht, wenn die Realität einsetzt. Um jemanden vollends aus unserem Herzen zu bekommen, müssen wir aufhören, uns gedanklich damit zu beschäftigen, wie die Beziehung hätte sein können, und stattdessen darüber nachdenken, wie sie nicht war. Es ist okay, keine Zeit mehr mit dieser Person zu verbringen, bis unser Herz Zeit hatte zu heilen. Es gibt nur wenige Dinge, die noch wichtiger sind, als auf uns selbst achtzugeben. Wenn wir nicht auf uns selbst achtgeben können, dann werden wir uns auch nicht um andere kümmern können.

Ob wir nun die Jungfer in Not oder der Ritter in glänzender Rüstung sind, Amors Pfeil wird sein Ziel nicht verfehlen. Liebe kommt sehr oft zu einer Zeit, zu der wir es nicht erwarten; wie ein Platzregen an einem sonnigen Tag kündigt sie nur selten ihre Ankunft an, bevor sie über uns kommt. Aber für diejenigen, die wissen, wie man diesen Regen willkommen heißt, ist der Platzregen der Liebe ein romantischer Spaziergang durch den Park,

und kein Wassergrab. Während wir weitermachen, weit über die Grenzen dieses Buches hinaus, muss es unser Ziel sein, ein guter Haushalter all dessen zu sein, was die Liebe mit sich bringt. Unsere Leidenschaft für Reinheit soll uns dazu bewegen, praktische Schritte zu gehen, zu lernen unser Herz zu öffnen und die gegenseitigen Bedürfnisse zu schützen. Es ist Zeit, die Fassade der Liebe zu entfernen und eine sexuelle Revolution voranzutreiben.

KAPITEL 6

Eine neue sexuelle Revolution

Viele unserer Hochzeitsbräuche in den Vereinigten Staaten haben ihre Wurzel in jüdischen Traditionen. Brautjungfern und Trauzeugen sind dafür ein Beispiel. Historisch gesehen dauerte eine Hochzeit sieben Tage. Inmitten des Festes wurde ein Hochzeitszimmer errichtet und nach den zeremoniellen Schwüren ging das Paar in dieses Zimmer, um ihr Bündnis zu vollziehen. Die frisch Verheirateten hatten zum ersten Mal Sex und der Bräutigam nahm dann das Bettlaken und hängte es vor das Zimmer, wo es alle Gäste sehen konnten und zeigte so das Blut des zerrissenen Jungfernhäutchens seiner Frau. Dann begannen die Feierlichkeiten. Die Braut und der Bräutigam blieben

eine Woche in diesem Zimmer, während die Gäste draußen
feierten. Hier kamen die Trauzeugen und Brautjungfern
zum Einsatz: sie bedienten das Ehepaar in dem Hochzeitszimmer, damit sie eine gute Zeit hatten und nicht nach
draußen kommen mussten.

Es ist doch merkwürdig, dass es im Gegensatz zu dieser
jüdischen Kultur, die die sexuellen Beziehungen innerhalb
der Ehe ehrt, in amerikanischen Ehebetten ein so großes
Schamgefühl gibt. Es gibt viele Gründe, warum Schuldgefühle, Schande und emotionaler Schmerz in amerikanischen Ehen an erster Stelle stehen. Unsere Gesellschaft
hat das Thema Sexualität nahezu vollständig vom Bereich
Ehe und Familie getrennt, und so erleben Menschen eine
Kultur, die der biblischen Sicht von Sex geradezu feind-
lich gegenübersteht. Das Ergebnis ist, dass die traditionelle
Erziehung, die viele heranwachsende junge Menschen über
Sexualität erfahren, einfach nicht zu der Propaganda-Welle
passt, mit der sie in dieser weltlichen Kultur konfrontiert
sind.

Eine Sache, der wir uns alle in Bezug auf dieses Thema
bewusst sein müssen, ist, dass es nicht wirklich um Sex oder
Lust geht: es geht meist um Geld. Die größten Förderer
der weltlichen Version von Sex sind eigentlich Geschäftsleute, die Milliarden von Dollar damit verdienen. Weil
Lust sich gut verkaufen lässt, haben sie daran gearbeitet,
unsere sexuellen Normen zu verändern, damit sie ihren
Kundenstamm erhöhen können. Sie hassen Jungfräulichkeit und die Ehe, weil sie ihren Gewinn schmälern und
so tun sie alles in ihrer Macht, um die breite Masse gegen
Jungfrauen, Reinheit und eheliche Beziehungen aufzu-

bringen. Die Unterhaltungs -und Pornoindustrie scheint Überstunden zu machen, um Jungfrauen dazu zu bewegen, Kunden ihrer globalen Sex-Maschine zu werden. Sie lassen nichts unversucht, damit jeder, der sich dieser Maschine nicht unterwirft, sich bestenfalls als armseliger Verlierer fühlt und im schlimmsten Fall als krankhafter Spinner - jemand, der mit der postmodernen Denkweise unserer Zeit nicht mehr Schritt hält. In einem Krieg würde dies als Verschwörung angesehen werden, aber im Geschäftsleben nennt man dies eine aggressive Marketing Strategie. Diesen Menschen dämmert nicht, dass das Motto: „Schlaf mit allem, was sich bewegt" keine sexuelle Revolution oder postmoderne Denkweise ist. Tatsächlich ist diese Perversion älter als Sodom und Gomorrha.

Mutige Jungfrauen

Praktisch jede Person in unserer Kultur wurde durch den Ansturm der Pornografie und jede andere Form von eindeutigen Medien betrogen, die im Moment unsere Gesellschaft durchdringen. Das Tragische daran ist, dass viele Menschen, die durch dieses Zeug „*beschmutzt*" werden, von einem Geist der Scham geplagt werden. Sie werden belogen und es wird ihnen gesagt, dass sie nun nicht mehr rein sind. Ich glaube, dass dieses „*Beschmutzen*" einer der Schatten ist, der über amerikanischen Ehen liegt. Wir müssen die gute Nachricht hören und erfahren, dass diese Lügen nicht an uns kleben müssen. Es ist an der Zeit, dass diejenigen, die heilig und sexuell rein leben, aus ihrem Versteck heraus kommen und für ein gerechtes Leben einstehen. Es ist an der Zeit, dass mutige, gerechte Jungfrauen

und ebenso verheiratete Paare keine Lust mehr auf diese ignoranten Milliardäre haben, die uns ihren pervertierten Müll in den Hals stecken wollen. Wir müssen diese Tyrannei von vergewaltigten kleinen Kindern und Teenagern beenden, die im Namen des Entertainments zu Huren gemacht werden, während diese kranken Geschäftsleute sich kaputt lachen.

Prüderie ist eine weitere Perversion

Einer der Hauptgründe, warum die Strategie der Pornoindustrie in der Vergangenheit gesiegt hat, ist, dass gerechte Menschen in Bezug auf Perversion überreagiert und Sex zu einem Geheimnis gemacht haben oder sogar zu einem *schmutzigen Akt*, um Kinder zu gebären. Der Viktorianismus versucht, seine „Super-Prüderie" in der Gesellschaft fortzuführen, und macht es zu einem Tabu, in Kirchen, Synagogen, in Jugendstunden oder gar innerhalb der Familie über Sex zu sprechen. Gott verbietet, dass jemand herausfindet, was Mama und Papa nachts in ihrem Schlafzimmer tun. Ist es nicht an der Zeit, dass wir aufhören, in die Hände der pervertierten Seelen zu spielen, die in ihrem Dreck verloren und mit Schuld geschändet sind?

Diese Art der Überreaktion gegenüber der Perversion wurde zu einer anderen Perversion in sich selbst, eine, die sogar noch weiter von der Wahrheit über Sex entfernt ist. In Wirklichkeit ist einer der Hauptgründe, warum junge Menschen sich abwenden, wenn sie die Botschaft über Reinheit hören, und sich stattdessen dem Evangelium der humanistischen Welt unterwerfen, der, dass die Welt in gewisser Hinsicht Recht hat, was das Thema Sex betrifft. Die Welt sagt, dass Sex gut ist, Spaß macht, natürlich und gesund ist - und das stimmt! Das Problem bei dem sexuellen Evangelium der Welt ist, dass sie Sex nicht genug betont - sie unterschätzt und leugnet sogar die Kraft des Geschlechtsverkehrs und reduziert ihn auf eine eindimensionale, physische Erfahrung und es versteht nicht die Auswirkungen, die Sex auf die Seelen und den Geist der betroffenen Menschen hat. Aber die Welt hat die Kirche bereits geschlagen, wenn Christen der Lüge Glauben schenken, dass Sex in sich schlecht ist.

Es ist an der Zeit, dass reine, verheiratete Liebende junge Jungfrauen in die verborgene Schönheit transzendenter sexueller Erfahrungen einführen. Singles müssen den Unterschied zwischen jemanden „*abschleppen*" und dem lebenslangen sexuellen Abenteuer reiner Liebenden verstehen, die durch die Ehe miteinander verschmolzen sind. Diese Liebenden haben ihren Geist miteinander verflochten, bis sie zu einem Lied werden, das auf dem Instrument ewiger Liebe gespielt wird, und ein Leben lang in zeitloser Hingabe praktiziert wird. Das ist der Ort, an dem Geschlechtsverkehr eine dreieinige Form annimmt: Geist, Seele und Körper gehen hinein und wieder heraus, und schaffen den ultimativen Fluss leidenschaftlicher Intimität. Dies ist wahrer Geschlechtsverkehr.

Liebhaber mit einer Verpflichtung

Entgegen der landläufigen Meinung ist Gott kein kosmischer Spaßverderber. Es ist nicht Gott, der Menschen davon abhält, Sexualität zu verstehen. Er sprach in Seinem eigenen Buch offen über Sex. Tatsächlich war Sex Gottes Idee.

Es begann, als Er sagte: *„seid fruchtbar und mehret euch..."* (1.Mose 1,28). Mit diesen fünf Worten setzte Gott den Sexualtrieb der gesamten Menschheit in Gang. Als Gott mit der Erschaffung der Welt fertig war und den Menschen einen Sexualtrieb gab, trat Er zurück und schaute sich Sein Werk an. Dann sagte Er, dass es *„sehr gut"* ist (siehe 1.Mose 1,31). Es ist also nicht Gott, der prüde ist. Die Art und Weise, wie der Schöpfer uns geschaffen hat, um Geschlechtsverkehr zu haben, ist sehr interessant. Lass mich erklären, was ich damit meine. Gottes Absicht für Sexualität war, dass sie nur innerhalb der Grenzen einer Ehe ausgelebt werden sollte. Er tat dies, weil Sex nicht nur dazu da ist, um Vergnügen zu bereiten, sondern auch, um Familien zu gründen, wie wir gerade in Seinem ersten Gebot an die Menschheit gesehen haben. Den Beweis dafür sehen wir in der besonderen Weise, wie unsere Körper geschaffen sind. Seit Jahren haben Wissenschaftler darüber gerätselt, welchen Nutzen das Jungfernhäutchen im Körper einer Frau hat (das Jungfernhäutchen ist das blutdurchflossene Häutchen an der Vagina einer Frau. Es reißt meistens, wenn eine Frau das erste Mal Geschlechtsverkehr hat). Es scheint so, dass es überhaupt keinen körperlichen Sinn oder Zweck erfüllt. Außerdem heilt es nie wieder zu (nicht wie jeder andere Teil unseres Körpers), wenn es einmal gerissen ist und das Blut herausgeflossen ist.

Eines Tages habe ich erkannt, warum der Schöpfer einer Frau ein Jungfernhäutchen gab. Er wollte, dass Kinder innerhalb einer Bündnisbeziehung zwischen Mann und Frau geboren werden. Daher sorgte er für das Blut, damit ein „Blutbündnis" eingegangen werden konnte, bevor Kinder empfangen wurden. Kannst du erkennen, dass eben jener

Akt des Geschlechtsverkehrs Gottes Absicht ausdrückt, dass Kinder aus der Intimität einer Ehe entstehen? Er hätte dafür sorgen können, dass Fortpflanzung auf verschiedene Art und Weise geschieht, wie wir es in der Natur sehen. Aber Er hat die menschliche Rasse dazu geschaffen, sich durch einen Akt fortzupflanzen, der Vergnügen bereitet und sehr große körperliche Nähe erfordert. Dies zeigt Gottes Wunsch, dass Kinder aus der Intimität und Freude von sich liebenden Eheleuten geboren werden.

Liebesbund

Ich hoffe, dass du so langsam verstehst, dass *Gottes Version von Sexualität* nur dann stattfinden kann, wenn es ein tieferer Ausdruck im Herzen eines Mannes und einer Frau ist: „ein Liebesbund". Die Ehe soll das tiefste und engste Bündnis auf dem Planeten sein, weil es ein Versprechen ist, uns mit der gleichen Liebe zu lieben, mit der Gott uns liebt.

Mit dieser Art der Liebe verpflichtet sich jeder Partner in der Ehe zu vier sehr wichtigen Prinzipien. Als Erstes erklärt sich das Paar bereit, dass ihre Ehe erst dann beendet ist, wenn einer von ihnen stirbt. Zweitens versprechen sich die Partner gegenseitig, dass sie bereit sind, für den anderen zu leben und zu sterben. In anderen Worten: Das Ziel jedes Bündnismitgliedes ist: „Ich bin in dieser Beziehung, um etwas zu geben, und nicht nur wegen dem, was ich vom anderen bekommen kann." Ein wahrer Liebesbund zeigt sich in einem selbstlosen und gebenden Lebensstil. Mit diesem Versprechen verspricht sich das Paar auch, einander vollkommen treu zu sein und ihre Körper, wie der Apostel Paulus sagt, dem jeweils anderem gehört. „*Die Frau verfügt*

nicht über ihren Leib, sondern der Mann. Ebenso verfügt der Mann nicht über seinen Leib, sondern die Frau." (1.Kor 7,4). Und schließlich ziehen sich Menschen in einem Bündnis zusammen nackt aus, wie es Adam und Eva im Garten Eden taten. Ich meine damit nicht, dass wir unbedingt komplett nackt ums Haus rennen sollten, aber ich meine, dass wir unsere Rüstung draußen lassen sollten, wenn wir nach Hause kommen. Wir sollten uns selbst erlauben, verletzlich, leicht zu beeindrucken, belehrbar und korrigierbar mit unserem Ehepartner zu sein; wir sollten von unserem Liebhaber zutiefst beeinflusst sein.

Die alten Schriftstellen zeigen uns, dass Adam Eva *„erkannte"*, sie schwanger wurde und Kain und Abel gebar (siehe 1.Mose 4,1-2). Das hebräische Wort für *„erkennen"* ist *yada*. Es bedeutet nicht nur, dass Adam Sex mit Eva hatte (die Bibel nimmt an, dass du das weißt); es bedeutet, dass Kain und Abel aus einer tiefen, persönlichen Beziehung zwischen Adam und Eva empfangen wurden. In anderen Worten heißt das, dass die Jungen aus Intimität heraus geboren wurden und nicht nur während des Geschlechtsverkehrs entstanden sind. Eben diese Anwesenheit unserer Kinder soll uns an die Bündnisliebe erinnern, die wir füreinander haben. Wenn Kinder aus Liebe statt aus Lust empfangen werden, werden ihre Herzen zu Tafeln, auf denen Ehemann und Ehefrau ihre Liebesbriefe schreiben. Das Ergebnis dieser Art von Beziehung ist, dass ihre Kinder sicher und ausgeglichen sind; sie haben ein gesundes Selbstwertgefühl, weil ihre Eltern sie schätzen.

Die Ehe ist mehr als eine Zeremonie. Sie ist das Mysterium eines selbstlosen Wunders; der Klebstoff ewiger Liebe, und der sexuelle Verkehr zweier Seelen, welche hinein und hinaus fließen, bis ihre gegenseitigen Grenzen den Weg freigeben zu grenzenloser, übernatürlicher Vereinigung mit dem Schöpfer selbst. Du hast mich richtig verstanden. Wenn Mann und Frau ihre Herzen in wahrer, zeitloser Liebe verbinden, geschieht etwas Wunderbares; sie laden ihren ewigen Vater ein, eine dreifaltige Schnur zu werden, ein unzerbrechlicher Bund, der verwurzelt ist in himmlischen Sphären. Zwei Personen werden zu einer Einheit. Dies ist ein Geheimnis, das niemand erklären kann; man kann es nur selbst erfahren. Ein Prophet namens Maleachi sprach schon vor langer Zeit über das Ergebnis dieses Geheimnisses. Er sagte, dass der Schöpfer des Universums nach göttlichen Nachkommen sucht (siehe Mal 2,15). Wenn Geschlechtsverkehr ein Bündnisakt ist, kommt der Schöpfer in die Ehe hinein, und die sexuelle Einheit wird zu einer Einladung, göttliche Nachkommen zu zeugen.

In wilder Ehe leben

Es gibt einen großen Unterschied zwischen dem Ehebündnis und Beziehungen ohne Trauschein. Menschen, die ohne Trauschein zusammenleben, entschuldigen sich häufig mit der Aussage, dass die Ehe nur ein Stück Papier ist. Aber wenn dem so ist, warum unterschreiben sie ihn dann nicht einfach? Tatsache ist, dass diejenigen, die in wilder Ehe leben, keine Hochzeitsurkunde unterschreiben, weil ihre Beziehungen nicht auf dem Fundament eines Liebesbunds gebaut sind, sondern darauf, dass ihre Bedürfnisse gestillt werden. Als Folge davon nutzen sie die Angst, verlassen zu werden, dafür, ihren Partner zu manipulieren, damit sie

bekommen, was sie wollen. Die unausgesprochene, aber sehr deutliche Botschaft wilder Ehen ist: *„Ich bin nur in dieser Beziehung, solange du mir gefällst. An dem Tag, an dem du mich nicht glücklich machst, bin ich weg."* Mit anderen Worten: Menschen, die zusammen leben, möchten keinen Vertrag schließen, der ewig hält, weil dies das Element der Unsicherheit wegnehmen würde, welches sie brauchen, um ihren Partner unter Leistungsdruck zu setzen.

Für diejenigen, die in wilder Ehe zusammen leben, ist es schwierig, eine lebenslang verbindliche Entscheidung zu treffen, weil das heißt, dass sie kaum noch Kontrolle darüber haben, wie ihr Partner sie in der Zukunft behandeln wird. In einem Liebesbund ist es leichter, eine lebenslange Verpflichtung einzugehen, weil wir mit einer klaren Vorstellung in die Ehe gehen, dass wir etwas in die Beziehung einbringen wollen. Und obwohl wir nicht kontrollieren können, was *die andere Person* tun wird, haben wir doch immer die Kontrolle über *unser eigenes* Verhalten.

Der Judas-Geist

Ich bezeichne das Zusammenleben in wilder Ehe auch als den *„Judas-Geist"*, weil Jesus bei Seiner „Abschiedsparty" zu seinem Team sagte: *„....einer von euch wird mich verraten"* (Joh 13,21). Keiner von ihnen wusste, wer der Verräter war, bis Jesus ihnen den Vorschlag machte, ein Bündnis zu schließen. Dies war der Zeitpunkt, als Judas entschied, dass er weg müsse. Später verriet Judas Jesus mit einem Kuss, weil der Judas-Geist immer Intimität möchte, aber ohne ein Bündnis.

Dieser Judas-Geist ist in unserer Kultur weit verbreitet. Er hat begonnen, die Denkweise unseres Landes zu dominieren, und zeigt sich auf so vielfältige Weise. In unserer Gesellschaft ist es zum Beispiel nicht ungewöhnlich, dass Kinder aus einem *One-Night-Stand* oder einem „*Quickie*" entstehen. Männer schlafen mit Frauen ohne einen Gedanken daran zu verschwenden, sich um die Kinder zu kümmern, die sie zeugen. Wir leben in einer Kultur, die sich Intimität ohne Verantwortung wünscht und Vergnügen ohne Verpflichtung.

Der Judas-Geist beeinflusst auch die Art und Weise, wie viele Menschen heiraten. Diese Menschen verwechseln Hochzeit mit Ehe, was zur Folge hat, dass das Leben zweier Personen nie wirklich in eine heilige Einheit führt. Wir müssen verstehen, dass egal wie schön die Hochzeit ist, sie niemals den Platz der Ehe einnehmen wird. Es kommt mir verrückt vor, wie viel Mühe manche Menschen sich erst für ihre Hochzeit geben, und wie viel sie dann, ein paar Jahre später, für ihre Scheidung ausgeben. Es scheint ihnen nie in den Sinn zu kommen, dass sie ein wunderbares Leben haben könnten, wenn sie nur die Hälfte davon in die Ehe investieren würden.

Eine vaterlose Generation

Eine der zerstörerischen Konsequenzen, die der Judas-Geist in unserer Kultur bewirkt hat, ist ein Szenario fast wie bei den alten Königen, die mehrere Frauen und Konkubinen hatten. Diese Frauen hatten eine Bündnisbeziehung mit dem König und trugen demzufolge den Namen des Königs und ihre Kinder hatten ein Erbe. Aber die

Konkubinen des Königs hatten keine Bündnisbeziehung; somit trugen sie auch nicht den Namen des Königs und ihre Kinder hatten kein Erbe. Ihre Kinder waren im Grunde vaterlose Bastarde.

Obwohl wir in einer demokratischen Gesellschaft leben, in der die gleichen Bürgerrechte für jeden Bürger gelten, ist der Schaden, den die Vaterlosigkeit in einem Kinderleben anrichtet, sehr real. Das Erbe, das wir von unseren Vätern bekommen, ist mehr als Sicherheit, Versorgung und Liebe; es ist das Erbe der Identität. Kinder, die ohne den Einfluss eines Vaters aufwachsen, müssen oft ihr Leben lang kämpfen, ohne wirklich zu wissen warum; und das liegt daran, dass ihre Persönlichkeit von ihren Vätern nicht erkannt und bestätigt wurde.

Wir leben in einer Generation, die wahrscheinlich zu den vaterlosesten Generationen in der Geschichte der Welt gehört. Andere Kulturen und Generationen haben Vaterlosigkeit erlebt, weil Kriege die männliche Bevölkerung fast ausgelöscht haben, aber diese amerikanische Generation ist anders. Wir sind eine vaterlose Generation, weil Menschen sexuelle Freizügigkeit, wilde Ehe und Scheidung eher wählen als Bündnisbeziehungen. Selbst Menschen, die in den Vereinigten Staaten heiraten, machen sich mehr Sorgen darum, wie sie das große Geld verdienen, als eine Familie zu ernähren. Es ist wichtig, dass wir verstehen, wie die Entscheidungen, die wir heute treffen, das Leben von so vielen anderen beeinflussen.

Kriegsgebiete

Mein Vater starb, als ich klein war, und meine Mutter heiratete später wieder. Meine Mutter und mein Stiefvater hatten ein gemeinsames Kind und nannten es Kelly. Ihre Ehe zerfiel als Kelly fünf Jahre alt war. Nach ihrer Scheidung rief Kellys Vater ungefähr ein mal monatlich betrunken an, um seine Besuchsrechte einzufordern. Er sagte: „Ich werde Kelly heute um 17 Uhr abholen. Bitte halte sie bereit." Kelly war so aufgeregt, ihren Vater zu sehen, dass sie ihre Sachen schon früh am Morgen zusammenpackte. Ein paar Stunden bevor der Vater ankommen sollte, nahm sie ihren kleinen Superman-Koffer und setzte sich auf die vordere Veranda. Sie bestand darauf, draußen zu warten. Sie saß da den ganzen Tag und bis spät in die Nacht, egal wie das Wetter war.

Ich kam schließlich nach draußen als es schon dunkel war und fragte: „Kelly, warum kommst du jetzt nicht rein? Dein Vater wird nicht kommen."

Sie beharrte darauf: „Mein Vater kommt. Ich weiß, dass er kommt!"

Während die Stunden vergingen, kauerte sie sich zu einem kleinen Ball zusammen und schlief auf dem Deckel ihres Superman-Koffers ein. Ich hob sie auf und brachte sie ins Bett. Dies wiederholte sich Jahre lang, und hatte tiefe Wunden und ein zerbrochenes Herz zur Folge.

Zwangsläufig werden Kinder, die diese Umgebung überleben, oft unabhängig und rebellisch, weil sie gelernt haben, dass sie Menschen nicht vertrauen können, besonders denjenigen nicht, die Autorität über sie haben. Es gibt

so viele Kellys auf dieser Welt, die entweder außerhalb eines Bündnisses geboren wurden, oder die erfahren, dass ihre Eltern dieses Bündnis durch Scheidung brechen. Es gibt so viele andere, die Mamas und Papas haben, die Eltern sein als Hobby oder Nebenjob verstehen, weil sie dem „*Erfolg*" nachjagen. Wenn es keine liebenden Beziehungen im Leben von Kindern gibt, schreibt sich eine andere Botschaft in ihre Herzen: es ist kein *Liebesbrief*, sondern ein *Brief der Ablehnung und des Verlassenseins*. Diese Dinge graben sich in ihre zarten, kleinen Herzen durch rücksichtslose Worte und in einsamen Nächte.

Eine neue Revolution

Diese Gedankenlosigkeit und Unverantwortlichkeit muss beendet werden. Es gibt einen alten Song aus den 1960igern, in dem es heißt:

Wie viele Tote wird es brauchen, bis wir wissen,

dass schon zu viele Menschen gestorben sind?

Die Antwort, mein Freund kennt nur der Wind.

Die Antwort kennt nur der Wind.[4]

Der Wind der Veränderung weht wieder! Es ist Zeit für eine wahre sexuelle Revolution, in der man die wahre Kraft und Schönheit von Sex innerhalb eines Bündnisses entdeckt, beschützt und zeigt. Die Stunde ist gekommen, aufzuwachen und zu realisieren, dass all diese zerbrochenen Bündnisse eine ganze Generation zerstören. Jemand hat mal gesagt, dass wenn du nicht *für etwas* stehst, du mit

---

4   Bob Dylan, „Blowin` in the Wind", aus dem Album "The Free-wheelin" (Free Rider Music, 1962, 1990).

allem was du machst zu Fall kommst. Es ist Zeit, Stellung zu beziehen, um den Preis zu gewinnen, um die Trophäe nach Hause zu bringen – die Trophäe eines Liebesbunds, einer übernatürlichen Ehe und einer gesunden Familie. Die Kellys dieser Welt warten auf ihrem Superman-Koffer, in der Hoffnung, aus diesem Irrsinn befreit zu werden. Möchtest du ein Superheld werden oder nur ein weiterer Bösewicht sein? Himmel und Erde warten auf deine Antwort!

KAPITEL 7

Die göttliche Romanze

Also, worum geht es? Ich meine, was tust du hier auf diesem Planeten? Warum lebst du? Hast du jemals darüber nachgedacht? Bist du einfach nur ein himmlischer Fehler oder das Ergebnis von einer Art kosmischem Rülpser? Stimmt es, dass dein Ur-Ur-Urgroßvater eine Amöbe war? Glaubst du wirklich, dass dein entfernter Cousin in irgendeinem Dschungel seine Arme hinter sich herzieht? Wenn du eine dieser Fragen mit Ja beantworten kannst, dann brauchst du dieses Kapitel nicht weiter zu lesen.

Geschaffen, um Gott zu gefallen

Die Bibel sagt: „Am Anfang **schuf** Gott…" (1.Mose 1,1, *Hervorhebung durch Autor*). Das ist das, was ich glaube. Gott schuf den Menschen nach Seinem Bilde, weil Er sich ewige Gemeinschaft wünschte. Er brauchte unsere Gemeinschaft nicht, aber Er hat sie sich gewünscht. Der Psalmist drückte es so aus: *„Denn der Herr hat Wohlgefallen an Seinem Volk … "* (Ps 149,4). Das stimmt. Er hat wirklich Freude an uns. Er toleriert uns nicht nur - Er feiert uns!

Als Gott am Anfang die Menschheit schuf, schuf Er sie als Mann und Frau, und trug ihnen auf, sich fortzupflanzen, die Erde zu füllen, sie zu unterwerfen und über seine Bewohner zu herrschen (siehe 1.Mose 1,27-28). Dieser Planet sollte der erste von vielen Königreichen sein, in denen die Menschheit mit Ihm herrschen würde (siehe Dan 7,27). Gott schuf uns und bereitete uns darauf vor, dass wir zusammen mit Ihm ewig herrschen. Das ist der Grund, warum Er den Garten Eden nicht kindersicher gemacht hat. Er pflanzte zwei Bäume in den Garten, damit Adam und Eva lernen konnten, weise Entscheidungen zu treffen. Die Erde sollte der Kindergarten des königlichen Trainings der Menschheit sein.

Im nächsten Kapitel in Genesis bekommen wir eine Ahnung davon, wie und warum Gott die Menschheit auf diese Weise geschaffen hat - um unsere ewige Bestimmung zu erfüllen, mit Ihm zu herrschen:

„Da machte Gott der Herr den Menschen aus Erde vom Acker und blies ihm den Odem des Lebens in seine Nase. Und so ward der Mensch ein lebendiges Wesen…

Und Gott der Herr sprach: Es ist nicht gut, dass der Mensch allein sei; ich will ihm eine Gehilfin machen, die um ihn sei. Und Gott der Herr machte aus Erde alle die Tiere auf dem Felde und alle die Vögel unter dem Himmel und brachte sie zu dem Menschen, dass er sähe, wie er sie nennte; denn wie der Mensch jedes Tier nennen würde, so sollte es heißen. Und der Mensch gab einem jeden Vieh und Vogel unter dem Himmel und Tier auf dem Felde seinen Namen; aber für den Menschen ward keine Gehilfin gefunden, die um ihn wäre. Da ließ Gott der Herr einen tiefen Schlaf fallen auf den Menschen, und er schlief ein. Und Er nahm eine seiner Rippen und schloss die Stelle mit Fleisch. Und Gott der Herr baute eine Frau aus der Rippe, die Er von dem Menschen nahm, und brachte sie zu ihm. Da sprach der Mensch: Das ist doch Bein von meinem Bein und Fleisch von meinem Fleisch; man wird sie Männin nennen, weil sie vom Manne genommen ist. Darum wird ein Mann Vater und Mutter verlassen und seiner Frau anhangen, und sie werden sein ein Fleisch. "

(1.Mose 2,7.18-24).

Hier ist es interessant zu bemerken, dass die Bibel nicht sagt, dass Adam einen Partner braucht, um sich fortzupflanzen. Gott stellte fest, dass Adam *allein* war und er eine *Gehilfin* brauchte. Auf welche Weise war er alleine? Er war alleine, weil es eine Beziehungsleere in seinem Herzen gab, da Gott ihn nach Seinem Bilde schuf. Gott ist in sich selbst eine Beziehung, ein intimer Austausch von Liebe und Freundschaft. Im Gegensatz zum Rest Seiner Schöpfung schuf er die Menschheit in Beziehung sowohl zu Sich selbst

als auch zueinander in dieser Liebesbeziehung. Bevor Gott die Frau schuf, gab es niemanden im Garten Eden, zu dem Adam eine Beziehung haben konnte, wie er sie mit Gott hatte. Und damit Adam Kinder nach dem Bilde Gottes produzieren konnte, musste, wie wir gesehen haben, der Prozess der Reproduktion Teil einer intimen, liebenden und treuen Freundschaft sein, die die Beziehung widerspiegelte, die wir mit Gott haben sollen.

Und so löste Gott das Problem von Adams Einsamkeit, indem Er ihn schlafen legte, und ihn auseinander brach. Ab diesem Zeitpunkt konnte Adam mit seiner Frau in der gleichen Beziehung stehen, wie er sie zu Gott hatte, da sie ihn in der gleichen Weise vervollständigte, wie Gott es tat. Der Mann wurde sozusagen mit einem göttlichen Stecker versehen, einem Ort, an dem sein Schöpfer Zugang zu seiner Seele bekam und den Kreislauf seines Lebens vervollständigte. Gott hat den Mann perfekt ausgestattet, weil er zu Gottes Freude und Gemeinschaft geschaffen wurde. Und als Gott die Frau buchstäblich aus Adams Seite nahm, schuf Er eine ähnliche Leere, die nur durch die Frau gefüllt werden konnte. Ohne sie fehlte Adam der Rest von sich selbst.

Dir fällt sicher auf, dass die Bibel in einer Volksmenge nie die Frauen getrennt aufzählt - und zwar deshalb, weil Gott weiß, dass es Mann *und* Frau braucht, um eine ganze Person zu sein! Diese göttliche Version von Ehe liegt Gottes Herz am nächsten und ist Sein Wille für die Menschheit. Tausende Jahre später hat Er Seinem Volk offenbart, dass es seine große Bestimmung ist, auf ewig mit Seinem Sohn verheiratet zu sein, als *Braut* Christi.

Leben als Single

Die Vorstellung, dass wir geschaffen wurden, um diese Vervollständigung durch die Ehe zu erfahren, hat viele Auswirkungen. Zum Einen bedeutet es, dass die Ehelosigkeit ein Zustand ist, den Gott für die meisten Menschen *nicht* vorgesehen hat, ein Zustand, der nicht ein ganzes Leben andauern soll. Der Apostel Paulus glaubte, dass das Singleleben besser für den Dienst sei, aber er erkannte, dass Ehelosigkeit eine *Gabe von Gott* benötigte (siehe 1.Kor 7,7). Das Wort Gabe in dieser Schriftstelle bedeutet eine „übernatürliche Gabe von Gott"[5]. Es ist das gleiche griechische Wort Gabe, das im 1.Korintherbrief für die Gaben des Geistes gebraucht wird (siehe 1.Kor 12,1). Dein ganzes Leben lang Single zu bleiben, braucht eine besondere Gabe vom Himmel, weil es einen Mann und eine Frau braucht, um eine vollständige Person zu sein. Woher du weißt, ob du die *Gabe der Ehelosigkeit* von Gott empfangen hast? Das ist einfach. Du wirst keinen Sexualtrieb haben. Paulus sagte, dass das Singleleben erstrebenswert sei, aber dass „*es besser ist, zu heiraten, als sich in Begierde zu verzehren*" (1.Kor 7,9). Du bist nicht dazu bestimmt, dein ganzes Leben Single zu bleiben, wenn du dich in Begierde nach Sex verzehrst.

Wahre Helfer

Einen Weg, wie sich Mann und Frau gegenseitig vervollständigen, findet man in Gottes Aussage: „*Es ist nicht gut, dass der Mann allein sei; ich will ihm eine Gehilfin machen, die zu ihm passt.*" (1.Mose 2,18). Einige Menschen haben

---

5 New American Standard Concordance, „Gift" (Geschenk), griechisches Wort charisma, 5486

dem Wort „*Gehilfin*" eine andere Definition gegeben, nämlich „*Sklavin*".Aber das Wort „*Gehilfin*", das hier gebraucht
wird, findet man 19 Mal in der Bibel. Dreizehn Mal bezieht
es sich auf Gott (siehe 5.Mose 33,7; 26,29 und Ps 20,2;
33,20; 70,5; 115,9-11; 121,1; 124,8; 146,5). Es bezieht sich
nur zwei Mal auf Frauen (siehe 1.Mose 2,18+20). Frauen
wurden nie dazu geschaffen, um Sklavinnen für Männer zu
sein. Sie wurden dazu geschaffen, um in der gleichen Beziehung zu Männern zu stehen, wie Männer zu ihrem Gott.
Ich spreche auch nicht über Männer, die Frauen vergöttern.
Ich meine einfach, dass Frauen dazu geschaffen wurden,
um von Männern bewundert zu werden und dass sie dazu
bestimmt sind, den Wunsch des Mannes nach Romantik
zu erfüllen.

Als Gott sagte, dass Er einen passenden Helfer für Adam
machen würde, wurde etwas sehr Interessantes über die
Geschlechter enthüllt. Das hebräische Wort, das mit „pas-
send" übersetzt wurde, bedeutet „*das Gegenteil von*"[6]. Der
Punkt ist, dass Mann und Frau nicht gleich sind, trotz gän-
giger Meinung und politischer Korrektheit. Ich versuche
hier nicht, die Geschlechter klischeehaft zu zeichnen. Ich
sage einfach, dass die sichtbaren körperlichen Unterschiede
von Mann und Frau typisch sind für die Unterschiede, die
es auch im Rest ihrer Natur gibt. Wie unsere Körper, so
ist auch unsere Natur als Mann und Frau dafür geschaffen,
um sich gegenseitig zu vervollständigen.

Ich weiß, dass dies einige Frauen nicht gerne hören,
da Männer Frauen seit Generationen unterdrückt haben.
Bedenke: Amerikanische Frauen durften bis 1920 nicht

---

6   Ibid., „Suitable", hebräisches Wort neged

einmal wählen! Um die Sache noch schlimmer zu machen, war Religion einer der Hauptgründe für diese Unterdrückung, obwohl die Bibel, insbesondere das Neue Testament, Frauen mehr als jedes andere schriftliche Dokument dieser Zeit bevollmächtigte. Du zuckst vielleicht zusammen, wenn du dies liest, aber es ist die Wahrheit. Die Bibel wurde zu einer Zeit geschrieben, die der Kultur in Afghanistan vor zehn Jahren sehr ähnelt. Wenn du die Bibel vor ihrem kulturellen Hintergrund betrachtest, wirst du verstehen, dass sie die Rolle der Frau revolutioniert hat und sie in der Gesellschaft bevollmächtigte.

Als die Bibel geschrieben wurde, wurden Frauen als Eigentum der Männer angesehen. Sie waren dazu da, Kinder zu gebären und den Haushalt zu führen. Daher war es revolutionär, als ihre Schreiber Aussagen machten wie: *„So sollen auch die Männer ihre Frauen lieben wie ihren eigenen Leib. Wer seine Frau liebt, der liebt sich selbst"* (Eph 5,28). Oder sieh dir das an: *„Desgleichen ihr Männer, wohnt vernünftig mit ihnen zusammen und gebt dem weiblichen Geschlecht als dem schwächeren die Ehre. Denn auch die Frauen sind Miterben der Gnade des Lebens, und euer gemeinsames Gebet soll nicht behindert werden."* (1.Petr 3,7). Hör zu, was Petrus sagt: „Männer, ihr seid vielleicht stärker als eure Frauen, aber ihr tut besser daran, sie als *Miterben* zu ehren oder Gott wird eure Gebete nicht erhören! Hast du das verstanden? Gott wird deine Gebete nicht erhören, wenn du deine Frau nicht mit Ehre behandelst. Frauen sollen mit Respekt und Ehre behandelt werden, als solche, die zusammen mit den Männern den Thron ererben.

Gott hat nie beabsichtigt, dass Frauen sich Männern unterordnen sollen, die sie missbrauchen und sie wie Dreck behandeln. Frauen sind dazu berufen, sich Männern unterzuordnen, die sie verehren und sie zu Miterben bevollmächtigen, zu Menschen, die gemeinsam regieren. Leiter, die versuchen, Frauen davon zu überzeugen, unterwürfige Punchingbälle für wütende Alkoholiker im Namen Gottes zu sein, müssen sich mal untersuchen lassen. Ich trete hier nicht für Scheidung ein (obwohl dies in extremen Fällen notwendig sein könnte). Ich sage einfach nur, dass wenn Tarzan sich wie ein Tier verhalten möchte, er besser im Dschungel bleiben sollte, bis es wieder Freude macht, mit ihm zusammen zu sein.

Lass mich klarstellen, dass Männer und Frauen zwar unterschiedlich, aber dennoch *gleich* sind. Als Gott Mann und Frau schuf, gab Er ihnen beiden die gleiche Autorität. Dies war der Fall, bis sie Gott ungehorsam waren und die Frau als Teil des Fluches für die Menschheit unter den Mann gesetzt wurde. Jesus befreite uns vom Fluch von Adam und Eva. So stellt sich die Frage: Wann beginnen wir ebenso, die Frauen zu bevollmächtigen?

Anders denken

Männer und Frauen denken unterschiedlich. Dies zeigt sich bildlich gesprochen in der Art und Weise, wie sie geschaffen wurden. Die Frau wurde aus der Seite des Mannes genommen, aus einer Rippe geschaffen, aus etwas, das nahe am Herzen liegt. Frauen neigen dazu, aus dem Herzen heraus zu denken und das Leben intuitiv zu verstehen, durch eine Art sechsten Sinn. Sie gehen Umstän-

172

den und Menschen leichter an die Wurzel und werden nur selten von den Fakten und Statistiken abgelenkt, die Männer oft aus der Bahn werfen können. Männer neigen dazu, mit ihrem Kopf zu denken. Sie haben oftmals ein größeres Gespür für Fakten, Daten, Statistiken und Logik. Aber wenn Männer und Frauen die Unterschiede in ihrer Sichtweise und Denkweise nicht verstehen und wertschätzen, können sie einander abwerten. Männer werten häufig die intuitiven, prophetischen und spirituellen Dimensionen des Lebens ab, und Frauen werten eine Sichtweise ab, die vor allem aus Fakten und Statistiken besteht.

Bitte verstehe, was ich hier versuche zu vermitteln. Meine Absicht ist keinesfalls, das jeweilige Geschlecht zu entehren. Ich weiß, dass Frauen und Männer in gleichem Maße intelligent sind. Dies wurde immer wieder in IQ-Tests bewiesen. Mir ist auch klar, dass Frauen nicht von Natur aus unlogisch oder irrational sind. Ich sage auch nicht, dass Männer nicht intuitiv oder prophetisch sein können. Ich versuche einfach zu vermitteln, was ich in 35 Jahren Ehe und tausenden Stunden der Seelsorge mit Paaren gelernt habe. *Männer und Frauen sind nicht gleich!* Mir ist klar, dass ich nach dieser Aussage nie in ein politisches Amt gewählt werde, aber ich versuche auch nicht, mich für das Amt des Präsidenten zu bewerben. Ich versuche jedoch, dir zu helfen, eine großartige Beziehung mit dem anderen Geschlecht zu haben. Denke daran, Gott hat uns unterschiedlich gemacht, weil wir eine passende Hilfe brauchten. Je mehr wir diese Unterschiede verstehen und wertschätzen, umso besser können wir die Hilfe in Anspruch nehmen und empfangen, die wir vom anderen brauchen.

Als Kathy und ich heirateten, verstand ich weder die Ehe noch die Frauen. Ich war so ignorant, dass es nicht einmal lustig war. Meine Mutter heiratete zweimal wieder, nachdem mein Vater starb. Meine Stiefväter schufen eine komplett dysfunktionale Familie, weil sie selbst nicht wussten, was ein Familienleben bedeutet. Da ich ohne ein gesundes Vorbild aufwuchs, war ich dazu gezwungen, meine Ehe zu einer Art Labor zu machen, in dem täglich Beziehungsexperimente durchgeführt wurden. Ich habe mehrere „Offenbarungs-Beulen" an meinem Kopf, die mich an die Laborexperimente erinnern, die in der Familie gescheitert sind. Tatsächlich ging ich durch eine Zeit, in der ich so viele „Offenbarungs-Beulen" auf meiner Stirn hatte, dass sie meinen Namen schon in „Beule" ändern wollten. Ich legte einfach keinen Wert auf Kathys Meinung, wenn wir Entscheidungen fällten und wenn sie sich weigerte, Fakten für ihre Folgerungen darzulegen. Sie machte Aussagen wie „Ich fühle mich wie…", „es macht mir Sorgen, dass…", „ich habe dabei kein gutes Gefühl…", und so weiter.

Ich antwortete ihr mit Fragen wie „Warum machst du dir Sorgen darüber? Warum fühlst du so?"

„Ich weiß nicht", sagte sie oft. „Es ist einfach so!"

„Es ist einfach so ist keine Antwort", argumentierte ich. „Gib mir einige Fakten. Sag mir einen Grund, warum dies eine schlechte Entscheidung ist." Meistens gab sie dann auf, mich zu überzeugen, dass sie Recht hatte und ich siegte mit meiner Logik und meinem Verstand.

Aber was ich mit der Zeit lernte, als sich viele meiner großartigen Entscheidungen als Fehler heraus stellten, war, dass ihre Aussagen „ich fühle mich wie" oder „dies macht mir Sorgen" oft viel genauer waren als die „Fakten". Im Laufe der Jahre habe ich gelernt, den Rest von mir, meine andere Hälfte, meine Frau, in alle meine Entscheidungen miteinzubeziehen. Und sie hat das Gleiche gelernt. Wir waren dazu geschaffen, zusammen zu sein. Wir sind ein Fleisch – ein Mysterium, das sich mit der Zeit immer mehr zu entfalten scheint.

Sex in der Ehe

Ein weiterer großer Unterschied zwischen den Geschlechtern ist die Art und Weise, wie wir an das Thema Sex herangehen. Einerseits haben Männer im Allgemeinen deshalb Intimität, damit sie Sex haben können. Für einen Mann ist Sex der Gipfel, das ultimative Ziel des Ehebündnisses. Andererseits haben Frauen für gewöhnlich Sex, damit sie Intimität haben können. Sie sind so gepolt, sich Nähe zu wünschen, umsorgt und ernährt zu werden, was ihr vorrangiger Ausdruck ihres Ehebundes ist.

Ich glaube, dass die einzigen Menschen, die nicht denken, dass dieser Unterschied eine Rolle spielt, diejenigen sind, die noch nicht verheiratet sind. Die vollen Auswirkungen dieser genetischen Unterschiede zu verstehen, ist wesentlich für eine großartige Ehe. Wenn du darüber nachdenkst, siehst du die Realität: Wenn Menschen in dieser Situation das bekommen sollen, was sie sich wirklich wünschen, müssen sie ihre Bedürfnisse und Wünsche beiseite stellen und daran arbeiten, die andere Person zu lieben. Dieses Prinzip zieht sich durch das ganze Leben. Um in der Liebe zu wachsen musst du sie weitergeben. Gott hat es so bestimmt, dass die selbstlose Investition ineinander, im

Ehebett und in jedem anderen Bereich der Ehe, der einzige
Weg ist, auf dem jeder Partner dass empfangen kann, was
er oder sie braucht und wünscht.

Ausbrüten oder kultivieren

In der Bibel heißt es: *„Und Gott der Herr nahm den Menschen und setzte ihn in den Garten Eden, dass er ihn bebaute und
bewahrte"* (1.Mose 2,15). Was ich hier beobachte, ist, dass
Männer dazu geschaffen wurden, um *Kultivatoren* zu sein,
und Frauen, um *Inkubatoren* zu sein. Ein Mann bebaut den
Garten des Herzens seiner Frau und sie brütet die Saat des
Lebens aus, die er in ihre Seele gepflanzt hat. Ein Mann
gibt seiner Frau seine Spermien. Sie brütet sie aus und gibt
ihm ein Baby. Er kauft ihr ein Haus und sie macht es zu
einem Zuhause. Er bringt den Schinken nach Hause und
sie macht daraus eine Mahlzeit. Ein Mann spricht freundlich mit seiner Frau und sie „brütet" über diese Worte und
schenkt ihm ein Lied! (Lass mich noch mal klarstellen,
dass ich hier weder versuche, die Geschlechter klischeehaft
darzustellen, noch möchte ich den Arbeitsbereich oder die
Rolle jedes Geschlechts begrenzen. Ich will einfach darauf
hinweisen, dass die Art und Weise wie Männer und Frauen
das Leben angehen, manchmal sehr unterschiedlich sein
kann).

Noch einmal: Die Realität von *„zwei-werden-eins"*
bedeutet, dass alles, was du in deine Beziehung hinein-
sähst, zu dir zurückkommt. Das ist auch der Grund, warum
Paulus den folgenden Ratschlag gibt, wie wir schon gelesen
haben:

„So sollen auch die Männer ihre Frauen lieben wir ihren eigenen Leib. Wer seine Frau liebt, der liebt sich selbst. Denn niemand hat je sein eigenes Fleisch gehasst; sondern er nährt und pflegt es wie auch Christus die Gemeinde... die Frau aber ehre den Mann"

(Epheser 5,28-29.33b).

Wenn Ehemann und Ehefrau es zu ihrer gegenseitigen Priorität machen, Liebe und Respekt in ihre Ehe zu säen, werden sie ganz sicher eine reiche Ernte des Segens in ihrem Leben einfahren.

KAPITEL 8

Heilige Zuneigung oder tödliche Anziehung

Eines Tages war ich in unseren Gemeinderäumen und bemerkte sechs junge Frauen, die im hinteren Teil des Raumes standen und einfach herumhingen, lachten und sich unterhielten. Als ich näher kam, sah ich, dass es Studenten aus unserer Ministry School waren. Ich dachte: *„Wow, diese Mädchen sind so hübsch"*. Ich entschied mich, zu ihnen rüberzugehen und ihnen zu sagen, wie hübsch sie sind. Aber als ich begann zu ihnen zu gehen, hörte ich plötzlich eine kleine Stimme in meinem Kopf: „Sei lieber vorsichtig. Was werden die Leute denken? Sie werden denken, dass

du diese Mädels sexualisierst! Sie werden deinen Motiven nicht vertrauen. *Vorsicht! Vorsicht! Pass auf! Warnung! Warnung!* "

Ich begann mich umzudrehen und in die andere Richtung zu gehen, als ich eine andere Stimme in meinem Kopf hörte: „Du sexualisierst diese Mädels nicht. Deine Motive sind rein. Du hast seit über 37 Jahren noch nie Sex mit jemand anderem als deiner Frau gehabt – nicht einmal in deinen Gedanken. Du bist für sie wie ein Vater. Deine Zuneigung zu ihnen ist heilig."

Ein Krieg tobte in mir; ich stand da wie gelähmt und war nicht sicher, was ich tun sollte. Plötzlich hatte ich eine Vision von meinen beiden Töchtern, Jaime und Shannon. Jaime und Shannon sind beide schöne junge Frauen und waren schon immer beste Freundinnen. Jaime ist 18 Monate älter als Shannon, und sie wuchsen zusammen auf und teilten sich ein Zimmer (mit ihrem riesigen deutschen Schäferhund, Samson, der oft in ihren Betten lag und sie auf den Boden stieß). Mit 12 und 14 bereisten sie gemeinsam die Welt und besuchten China, Mexico und Russland, sowie mehrere andere Länder. Aber als sie Teenager waren hatten sie sehr unterschiedliche Erfahrungen in Bezug auf Beziehungen zu Jungs und den Umgang mit ihnen. Obwohl sie beide sehr attraktiv waren, bekam Shannon die ganzen Dates und niemand verabredete sich mit Jaime. Wenn es in unserer Stadt ein Fest gab, luden fünf oder sechs Jungs Shannon dazu ein, aber niemand fragte Jaime mitzukommen. Das Telefon klingelte unaufhörlich für Shannon und nach einer Weile weigerte sich Jaime den Hörer abzunehmen, weil der Schmerz der Zurückweisung so groß war. Als die jungen Männer zu unserem Haus kamen, um Shannon abzuholen, rannte Jaime nach oben, warf sich aufs Bett und heulte sich die Augen aus. Also rannte ich ihr hinterher und nahm sie in meine Arme. Sie grub ihren Kopf in meine Brust und sagte unter Tränen: „Papa, was stimmt nicht mit mir? Stimmt etwas nicht mit mir? Papa, bin ich hässlich? Papa, bin ich hübsch?"

Ich sagte zu ihr: „Jaime, du bist soooooo schön! Du bist eine so wundervolle junge Frau. Aber Gott hält dich verborgen, bis der richtige Mann vorbeikommt. Du wirst sehen. Dein Prinz wird eines Tages vorbeikommen. Zieh dich jetzt um, ich werde mit dir ausgehen!"

Sie zog sich um und ich ging mit ihr aus und bereitete ihr eine tolle Zeit. Ich ging tatsächlich mehr mit ihr aus als ich es in diesen Jahren mit Kathy tat. Ein paar Jahre später traf Jaime ihren Prinzen namens Marty, genau wie ich es gesagt hatte. Er ist ein sanfter, liebevoller Mann – ein Mann, für den es wert ist, zu warten. Er liebt Gott und Jaime und widmet sich seiner Familie. Ich bin sehr stolz auf sie. Sie sind die Leiter einer aufblühenden Gemeinde an der Küste Kaliforniens und haben zwei großartige Kinder, Mesha und Micah.

Heilige Anziehung

Nach dieser Vision hatte ich eine Offenbarung. Die Welt ist voller Jaimes, voll wunderschöner Frauen und attraktiven Männern, die aus irgendeinem Grund versteckt zu sein scheinen. Als mir das bewusst wurde, stand ich einfach da und mir kamen die Tränen und ich fragte mich, wie viele von ihnen keinen Vater haben, der sie während ihrer

„verborgenen" Jahre an ihre Schönheit erinnert. Ich fragte mich, was mit Jaime passiert wäre, wenn ich nicht dagewesen wäre, um sie in diesen Tagen zu trösten. Hätte sie an den falschen Orten nach Liebe Ausschau gehalten und sich den sexuellen Wünschen von Männern hingegeben, um ihr zerbrochenes Herz zu heilen?

Schließlich hielt ich es nicht mehr aus und traf in diesem Moment die Entscheidung, dass solange mein Herz rein wäre, ich nie wieder zulassen würde, dass die Welt mein Verhalten bestimmt. Ich drehte mich um und ging dahin zurück wo die Mädchen standen. „Ihr seid so schön!" sagte ich. „Ich meine es wirklich so. Ihr seid einfach fantastisch! Ich bin so stolz auf euch alle."

Sie kicherten, weil ich sie ein wenig in Verlegenheit gebracht hatte, aber ihr Gesicht erzählte eine andere Geschichte. Sie strahlten, als sie mir für das Kompliment dankten. Diese Mädchen waren von diesem Tag an verändert.

Perversion

Mir wurde durch diese Erfahrung klar, dass Perversion ein Ökosystem hat, das sich selbst erhält, sich endlos fortsetzt und sich selbst ernährt. Während Perversion in unserer Gesellschaft zunimmt, beginnen Menschen ihre Zuneigung zurückzuhalten, damit sie nicht als sexuelle Raubtiere wahrgenommen werden. Weil Menschen ihre Zuneigung zurückhalten, entsteht eine Hungersnot nach Liebe im Land. In einer Gesellschaft, die nach Zuneigung hungert, beginnen Menschen, denen es an Liebe mangelt, ihre sexuellen Ansprüche zu verringern, um ein wenig

Zuneigung zu bekommen. Da sie ihre moralischen Grenzen brechen, um dies zu tun, nimmt die Perversion zu. Dies hat natürlich zur Folge, dass immer mehr Menschen ihre Liebe zurückhalten und so geht es Schlag auf Schlag weiter. Vor tausenden von Jahren schrieb der weiseste König, der je gelebt hat, König Salomon: „...*einem Hungrigen ist alles Bittre süß*" (Sprüche 27,7). Für ein Volk, das nach Liebe hungert, ist sogar pervertierte Zuneigung besser als überhaupt keine Liebe.

Eine der Manifestationen dieses pervertierten Ökosystems ist, dass fast auf der ganzen Welt die Grenze zwischen Sex und Liebe so verwischt wurde, dass darüber gesprochen wird, als sei beides das gleiche. Es besteht ein großer Unterschied zwischen „*lieben*" und „*jemanden flach legen*". Sex hat nicht immer etwas mit Liebe zu tun. Zu sagen, dass Sex Liebe ist, ist in der Tat so, als ob man sagt, dass du ein Astronaut bist, nur weil du schon in einem Flugzeug geflogen bist. Es gibt mehrere Auswirkungen und Missverständnisse in Bezug auf Sex und Liebe. Das Offensichtlichste ist, dass Menschen, denen beigebracht wurde, dass Sex Liebe ist, denken, dass jemand ihnen Liebe zeigt, wenn sie Sex miteinander haben. Wenn dies auch nur annähernd wahr wäre, wären Prostituierte und Huren die am meisten geliebten Menschen auf der Welt. Ich muss euch nicht sagen, dass dies nicht der Wahrheit entspricht. Wie Tina Turner gesungen hat: „Was hat Liebe damit zu tun?"[7]

---

7   Tina Turner „What's Love Got To Do With It? ", Private Dancer (Capitol, 1998, 2000)

Heilige Liebe

Wahrscheinlich kommt die größte Verwirrung aus dem anderen Ende des Spektrums. Ich spreche über Menschen, die wirklich jemanden lieben, aber nicht verstehen, dass Sex und Liebe nicht in direktem Zusammenhang stehen, und so denken sie, dass ihre Liebesbeziehung eine sexuelle Komponente haben muss. Alle Arten von ungesunden Beziehungen entstehen aus dieser Dynamik. Manche Eltern belästigen sogar ihre Kinder sexuell und denken, dass sie ihnen damit Zuneigung zeigen. Ja, so bizarr wird es!

Wenn Männer andere Männer lieben, oder Frauen andere Frauen, ohne den Unterschied zwischen Liebe und Sex zu verstehen, denken sie häufig, dass ihre Zuneigung zum gleichen Geschlecht sie zu einem Homosexuellen oder Bisexuellen macht. Was sie nicht verstehen, ist, dass nichts Falsches daran ist, eine tiefe Liebe für jemanden des gleichen Geschlechts zu haben. Liebe diktiert nicht mehr deine sexuelle Vorliebe und auch Sex kann dir nicht vorschreiben, wen du liebst. Dazu gibt es ein großartiges Beispiel davon in der Bibel in der Beziehung zwischen Jonathan und David. Als Jonathan, der Sohn von König Saul, David das erste Mal traf, heißt es in der Bibel: „... *verband sich das Herz Jonathans mit dem Herzen Davids, und Jonathan gewann ihn lieb wie sein eigenes Herz"* (1.Sam 18,1). Viele Jahre später wurde Jonathan in der Schlacht getötet. Als David dies hörte, sagte er: *„Es ist mir leid um dich, mein Bruder Jonathan, ich habe große Freude und Wonne an dir gehabt; deine Liebe ist mir wundersamer gewesen, als Frauenliebe ist. "* (1.Sam 1,26).

Menschen, die diese Verse durch die Linse der Perversion lesen, versuchen zu sagen, dass Jonathan und David eine homosexuelle Beziehung hatten. Es gibt dafür keinen einzigen Beweis in der Bibel oder in irgendeinem historischen Bericht. Aber manche Menschen unserer Gesellschaft haben Sex mit Liebe verwechselt, und versuchen, die Geschichte neu zu schreiben, damit sie ihre dysfunktionale Beziehung oder ihre verzerrte Weltanschauung für gültig erklären können. Manchen Menschen fällt es schwer, die Tatsache zu akzeptieren, dass Jesus, der der größte Lehrer und das größte Beispiel bedingungsloser Liebe ist, während seines ganzen Lebens sexuell vollkommen enthaltsam war. Die Wahrheit ist, dass Jesus Liebe als Opfer definierte und demonstrierte und nicht Sex.

Es gibt so viele gute Menschen in unserer Gesellschaft, die in die Irre geführt und verwirrt wurden, weil sie die Liebe Gottes nicht verstanden. Einige dieser Leute kommen mit den dümmsten Ideen daher, um ihre Missverständnisse zu rechtfertigen. Letztens hörte ich einem Typ im Fernsehen zu, der versuchte, Menschen davon zu überzeugen, dass Homosexualität ein normaler Lebensstil ist. Er sagte: *„Männliche Hunde bumsen andere männlichen Hunde. Dies beweist, dass Sex mit dem anderen Geschlecht einfach ein Teil von Mutter Natur ist."* Ich erinnere mich an die Tage, als das Verhalten eines Hunds als etwas Negatives betrachtet wurde. Ich hoffe, dass wir nicht anfangen, an die Bäume unserer Nachbarn zu pinkeln oder in ihre Gärten zu kacken, weil Hunde dies auch tun. Sie riechen auch am Hintern des anderen und lecken sich ihre Geschlechtsteile. Manche Menschen sind so lächerlich! Sex mit dem gleichen Geschlecht ist pervers - die falsche Version. Aber es

ist gesund und normal, andere auf die Weise zu lieben, wie es Jonathan und David taten.

Gesunde Seelenverbindungen

Eine weitere gesunde Dynamik, die wir in der Beziehung dieser beiden gottesfürchtigen Männer sehen, ist, dass ihre Seelen miteinander „*verbunden*" waren. Man spricht heute oft über „Seelenverbindungen" in christlichen Kreisen. Es sollte hier erwähnt werden, dass es so etwas gibt wie eine positive Seelenverbindung mit Menschen außer unserem Ehepartner. Ich verstehe, dass man dies nur ungern in unserer pervertierten Gesellschaft hören möchte, aber es steht in der Bibel. Jedoch solltest du dich davor hüten, eine Seelenverbindung mit dem anderen Geschlecht zu entwickeln, wenn du verheiratet bist. Ich habe in den vergangenen Jahren viele Menschen beraten, die eine engere Freundschaft und einen engeren Bund mit jemand anderem hatten als mit ihrem eigenen Ehepartner. So etwas ist wirklich merkwürdig, und mit der Zeit zerstört es mit Sicherheit ihre Ehe.

Niemand außer Jesus sollte *jemals* einen höheren Platz in deinem Herzen haben als dein Ehepartner. Die Ehe geht sogar über eine bloße Seelenverbindung hinaus - wegen Sex. Durch Sex werden verheiratete Menschen zu „einem Fleisch". Die Bibel drückt es so aus: „*Darum wird ein Mann Vater und Mutter verlassen und an seiner Frau hängen, und die zwei werden ein Fleisch sein*" (Matth 19,5). Menschen, die heiraten, werden im wahrsten Sinne des Wortes eins. Diese übernatürliche Realität geht über Seelenverbindungen hinaus, da sie verheiratete Paare im Kern ihrer Existenz miteinander verbindet. Dieses Mysterium kann nicht erklärt werden; man kann es nur erfahren.

Aber der gleiche Apostel, der uns lehrte, dass der Ehebund ein übernatürliches Mysterium ist, sagte auch, dass Sex mit jemandem ungesunde Bindungen schafft. Er schrieb: *„Oder wisst ihr nicht: wer sich an die Hure hängt, der ist ein Leib mit ihr? Denn die Schrift sagt: Die zwei werden ein Fleisch sein"* (1.Kor 6,16). Daher schafft Sex mit mehreren Menschen mysteriöse, übernatürliche Bindungen mit ihnen, durch die du an der Wurzel deiner Existenz mit ihnen verbunden wirst. Und durch diese Bindungen wird die spirituelle Realität, in der diese Menschen leben, dich auf dramatische Weise beeinflussen. Es ist als ob man zwei Bretter zusammenklebt und sie später wieder auseinanderreißt. Auf jedem Brett bleiben Splitter übrig von dem, was vorher ein ganzes Stück Holz war. Eine ungesunde Bindung, die durch emotionale und sexuelle Begegnungen entstanden ist, verklebt dein Innerstes mit einem anderen Menschen. Die Trennung von diesem Menschen lässt dich zerbrochen und verwirrt zurück. Wenn du Reinheit wählst, nachdem du ein sexuell freizügiges Leben geführt hast, müssen diese ungesunden Bindungen mit anderen Personen gebrochen werden. Du kannst frei werden von diesen Bindungen, wenn du deine Sünde bereust. Reue bedeutet, dass du Gott um Vergebung dafür bittest, dass du etwas getan hast, was du nicht hättest tun sollen, und du deine Verhaltensweise änderst. Und dann bitte Gott, der anderen Person, mit der du Sex hattest, all die Teile zurückzugeben, die du von ihr erhalten hast, und bitte Ihn darum, dass Er dir deine auch zurück gibt. Und schließlich wirst du wieder eine ganze Person sein.

Ich hoffe, dass du siehst, dass es einen Unterschied gibt zwischen einem sexuellen Bund und einer Seelenverbindung. Sowohl Seelenverbindungen als auch sexuelle Bündnisse können entweder gesund oder ungesund sein. Ein Paar, das eine gesunde Seelenverbindung entwickelt und dann heiratet, wird wahrscheinlich eine großartige Ehe haben, da ihr sexueller Bund ihnen helfen wird, ihre Freundschaft zu stärken und ihre Freundschaft wird aus Sex einen Ausdruck der Liebe machen. Aber noch einmal: Ich möchte hier betonen, dass du gesunde, nicht sexuelle Verbindungen mit Menschen haben kannst und haben sollst, ob du nun verheiratet bist oder nicht. Es ist normal, liebende, herzliche Freundschaften mit Menschen zu haben, die das gleiche Herz haben.

Ein gesundes Ökosystem schaffen

Die Welt schreit nach Liebe und sucht nach ihr an den falschen Plätzen. Zu lernen, Liebe und Sex zu trennen, ist der Anfang einer Entwicklung zu einer gesunden Kultur der „heiligen Zuneigung". Fünf verschiedene Male heißt es in der Bibel: „ *Grüßt euch untereinander mit dem heiligen Kuss* ", oder „ *Grüßt euch untereinander mit dem Kuss der Liebe* " (siehe Röm 16,16; 1.Kor 16,20; 2 Kor 13,12; 1.Thess 5,26; 1.Petr 5,14). Ich bin in einer spanischen Familie groß geworden. Wir küssten jeden auf die Wange, wenn wir uns gegenseitig begrüßten, egal ob männlich, weiblich, jung oder alt. Es machte für uns keinen Unterschied. Zuneigung bildete einen riesigen Teil unserer südländischen Kultur, und es hat eine Menge dazu beigetragen, wie wir uns als Familie miteinander verbinden.

Menschen hungern nach wahrer Liebe, die sich in einer Umarmung, einem heiligen Kuss oder beruhigenden Komplimenten äußert. Aber damit diese Kultur wieder hergestellt werden kann, brauchen wir gesunde Väter und Mütter, die keine seltsamen Vorstellungen inmitten ihrer „heiligen Küsse" oder „liebenden Umarmung" haben. Mit anderen Worten: wir müssen reine Herzen haben, reine Motive und gesunde Gedanken, bevor wir die „heilige Zuneigung" wiederherstellen können. Wir müssen diese Welle der Perversion umdrehen und uns in eine Kultur begeben, die von wahrer Liebe motiviert ist. Die Jaimes der Welt warten darauf, dass wir dies hinbekommen. Es ist doch scheinbar so, dass wir uns nur einmal umdrehen müssen, und schon wieder hören wir von einem bekannten Leiter, der in sexuelle Sünde gefallen ist. Wir *müssen* für gerechte Herzen kämpfen, damit wir sehen können, wie unsere zerbrochene, pervertierte und missbrauchte Kultur wieder hergestellt und reformiert wird.

Tödliche Anziehung

Jedoch müssen wir auf etwas vorbereitet sein, das passieren kann wenn wir damit beginnen, Menschen aus reinen Motiven Zuneigung zu zeigen, die nach Liebe hungern. In der Bibel heißt es, das die Welt es nicht aushält, wenn *„eine Verschmähte geehelicht wird"* (Spr 30, 21-23).

Vor vielen Jahren gab es eine Frau, die ich Jane nennen will, die für mich in eine meiner Geschäfte für Autoteile arbeitete. Sie fuhr einen unserer Lieferwagen und war eine der besten Angestellten, die ich je hatte. Als wir ein zweites Geschäft für Autoteile in einer anderen Stadt öff-

neten, begannen Jane und ich regelmäßig gemeinsam die einstündige Fahrt dorthin zu fahren. Ich singe gerne und so füllte ich das Fahrerhaus des Lieferwagens mit lustigen Liedern aus den 1960igern. Als wir in diesem Jahr hin und her zur Arbeit fuhren, erfuhr ich eine Menge über Jane. Ihr Vater hatte sie sexuell missbraucht. Ihr Mann, der selbst in einer ungesunden Umgebung aufwuchs, konnte ihr keine Zuneigung zeigen. Ich verbrachte Stunden damit, sie zu beraten und zu trösten, während wir zusammen fuhren.

Dann, an einem Abend nach der Arbeit, klingelte mein Telefon zu Hause. Ich hob ab und stellte fest, dass es Jane war.

„Hallo Jane. Was gibt's?" fragte ich.

„Ich rufe an, um dir zu sagen, dass ich weiß, dass du mich willst, und ich will dich auch!" antwortete sie schamlos.

„Wovon um alles in der Welt sprichst du, Jane?" fragte ich völlig unter Schock.

„Du singst mir seit Monaten Liebeslieder und ich halte es einfach nicht mehr aus. Wir müssen uns haben!" sagte sie und weinte am Telefon.

„Ich habe keine Ahnung, Jane, worüber du sprichst. Ich habe keine romantischen Gefühle in irgendeiner Form für dich! Gar keine!" sagte ich mit ernster Stimme.

„Du lügst! Du lügst mich an! Ich weiß, dass du mich willst! Ich kann deine Liebe für mich spüren!" schrie sie.

Ich war fassungslos! Ich rannte ins Wohnzimmer, schnappte Kathy und gab ihr das Telefon. „Hier, erzähl Kathy, was du mir erzählt hast", sagte ich.

Sie erzählte Kathy, dass es ihr leid täte, aber dass sie und ich uns liebten und dass wir uns haben müssten. Kathy sprach eine Stunde lang mit ihr, aber auch sie konnte sie nicht davon überzeugen, dass sie sich das nur einbildete. Die ganze Sache dauerte mehr als ein Jahr und wurde mit der Zeit sogar schlimmer. An einem Punkt drohte Jane damit, sich umzubringen, wenn sie mich nicht haben könnte. Dann konfrontierte sie mich noch dreimal in der Öffentlichkeit, und machte jedes Mal eine riesige Szene. Es war alles sehr peinlich und auch sehr traurig. Ich lebte über ein Jahr mit einem Knoten in meinem Bauch. Sie war so unvorhersehbar; ich fragte mich ständig, was sie als Nächstes tun würde. Ich hatte Gott sei Dank einen guten Ruf und jeder dachte einfach, dass sie ein wenig labil sei. Das wahre Problem war, dass Jane noch nie zuvor geliebt wurde. Meine Liebe für sie überwältigte sie und schuf eine ungesunde Verbindung zwischen uns. Ich hatte keine Ahnung, dass dies in ihrem Herzen vorging, bis es zu spät war. Ich lernte eine wirklich gute Lektion - auf die harte Tour.

Ich frage mich, wie viele Menschen sich wegen einer solchen *„tödlichen Anziehung"* im Bett wiedergefunden haben. Es gibt so viele Janes auf der Welt, Männer und Frauen, die sich nach der Liebe eines Vaters, der Umarmung einer Mutter oder nach etwas brüderlicher Freundlichkeit sehnen, aber sie wissen einfach nicht, wie sie damit umgehen sollen, wenn sie sie bekommen. Menschen mit zerbrochenen Herzen und zerrütteten Leben hängen sich oft an jeden, der ihnen Aufmerksamkeit schenkt. Zwar brauchen sie unser Mitgefühl, aber wir müssen uns vor

Menschen wie ihnen hüten. Sie geben uns vielleicht das Gefühl, Helden zu sein, und füttern unsere Egos für eine Weile, aber schließlich werden sie eben dieses Leben aus uns heraussaugen.

Diese Menschen brauchen mehr als Liebe: sie brauchen Heilung und Befreiung. Was sie brauchen ist etwas, das keine andere Person ihnen geben kann oder geben sollte. Es kann wirklich nur von ihrem himmlischen Vater kommen. Ungesunde Menschen wie diese bestehen häufig auf exklusive Beziehungen, woran du meistens erkennen kannst, wenn du oder eine dir bekannte Person betroffen ist. Sie sind auf jeden eifersüchtig, der außer ihnen Zuneigung bekommt. Und egal wie viel Aufmerksamkeit und Zuneigung du ihnen gibst, es ist nie genug. Es scheint so, als hätten sie ein Loch unter ihren Füßen, das jegliche Liebe, die sie bekommen, abfließen lässt.

Dein Herz offen halten

Es ist klar, dass es keine leichte Aufgabe ist, Menschen zu lieben. Wir müssen dem Einfluss in unserer Gesellschaft widerstehen, welche unsere Zuneigung und Anziehung gegenüber Menschen sexualisiert. Wir müssen lernen, Zeichen von krankem Verhalten bei Menschen zu erkennen, und die Fähigkeit entwickeln, gesunde Grenzen zu ihnen zu setzen. Und schließlich, wenn wir Menschen wie Jane begegnen, dürfen wir uns nicht aus falsch verstandenem Selbstschutz unserer Verantwortung entziehen und ihnen unsere Liebe vorenthalten.

Dein Herz offen zu halten, ist eine lebenslange Aufgabe. Wir alle werden Ablehnung, Enttäuschung und andere Formen der Zerbrochenheit erleben. Aber wenn wir zulassen, dass unsere zerbrochenen Herzen eitern und wir als Folge mit Argwohn, Ablehnung und Kälte reagieren, dann wird es nicht allzu lange dauern, bis wir genauso aussehen, wie die Menschen, die uns verletzt haben. Wir müssen lernen, zum Herrn zu rennen, damit unsere Fähigkeit, uns auszustrecken, zu vertrauen und Zuneigung zu zeigen, intakt bleibt. Es stimmt, dass es so viele Menschen gibt, die, um Zuneigung zu bekommen, Kompromisse mit ihren sexuellen Standards geschlossen haben. Aber es gibt auch Menschen, die vielleicht nicht häufig den Partner wechseln, aber deren Herzen entweder mit Bitterkeit oder einer tiefen Angst vor Intimität gefüllt sind, auf Grund von zerbrochenen Herzen, um die sie sich noch nicht gekümmert haben. Von außen sehen sie rein aus, aber ihre Motive sind alles andere als rein. Wenn diese Menschen schließlich heiraten, sind sie in ihrer Hochzeitsnacht vielleicht Jungfrau, aber ihre „Herzensprobleme" werden die Qualität ihrer ehelichen Beziehung schwer beeinflussen.

Eine erfolgreiche Ehe und alle anderen erfolgreichen Beziehungen können nur auf dem Fundament einer wahren, bedingungslosen, nicht sexuellen Liebe aufgebaut sein. Diese Art der Liebe „*erträgt alles, glaubt alles, hofft alles, duldet alles*" (1.Kor 13,7). Es ist vielleicht beängstigend, so verwundbar zu sein, aber die Bereitschaft, dieses Risiko auf sich zu nehmen, ist der einzige Weg, auf dem wir möglicherweise die tiefe Zuneigung und Intimität erfahren können, für die wir geschaffen wurden.

KAPITEL 9

Eve of Destruction - der Vorabend vor der Zerstörung

Es war ein kalter Novembertag in Atlanta. Ich hatte gerade eine äußerst strapaziöse Konferenz hinter mir und sehnte mich nach Hause zu kommen. Ich ging durch den Sicherheitsbereich, stieg ins Flugzeug und freute mich schon auf einen ruhigen Flug unter Fremden. Ich fand meine Reihe, verstaute meine Sachen und setzte mich schließlich auf meinen Sitz. Als ich mich anschnallte, lächelte ich den schlanken Mann mittleren Alters an, der neben mir saß, aber ich grüßte ihn nicht. Er streckte seine Hand aus und stellte sich vor. Auch ich stellte mich vor und schüttelte

seine Hand und hoffte, dass es dabei blieb. Er schien jedoch darauf aus zu sein, Kontakt zu knüpfen, und bedrängte mich mit Fragen über meinen Beruf und mein Ziel.

Als er erfuhr, dass ich ein Pastor bin, ließ er mich nachdrücklich wissen, dass er ein *liberaler, atheistischer,* jüdischer Geschäftsmann war. Er schien überrascht zu sein, als ich diese offensichtliche Einladung zur Debatte mit ihm ignorierte. Ich nickte einfach und nahm seinen Standpunkt zur Kenntnis. Er erzählte weiter, dass seine Firma orthopädische Schuhe für Menschen mit Fußproblemen machte, aber dass seine Firma noch nie Geld damit verdient hat.

„Ich war mal ein Wirtschaftsberater", erwiderte ich und hoffte, dass diese Gemeinsamkeit die Anspannung zwischen uns entschärfen würde. Er war zum Glück froh, über seine Firma sprechen zu können und während wir uns weiter unterhielten, begann ich einen Business-Plan zu umreißen, um seine Firma profitabler zu machen. Er nahm einen Notizblock aus seiner Aktentasche und begann sich Notizen zu machen. Drei Stunden und zehn Seiten voller Notizen später hatte mein neuer Freund eine detaillierte Strategie, um seine erfolglose Firma profitabler zu machen. Er war so begeistert, dass er darauf bestand, mir maßgefertigte Schuhe zu machen, nur um mir zu danken - ein Geschenk von 2.500 Dollar pro Paar.

Dann passierte etwas Verrücktes. Seine Haltung änderte sich, als ob er sich plötzlich daran erinnerte, dass er ein liberaler Atheist war und sich eigentlich schlecht fühlen müsste, wenn er freundlich zu mir ist. Er fragte unvermittelt: „Wie denken Sie über Abtreibung?" Ich konnte fühlen, wie die Spannung im Flugzeug zunahm. Ich ließ meinen

Kopf sinken und erkannte, dass wir sehr unterschiedliche Wertesysteme im Leben hatten. Dann dachte ich darüber nach, wie ich auf diese Frage antworten sollte.

„Sie sind ein Jude, richtig?"

„Ja", sagte er, abwehrend. „Ich sagte Ihnen, dass ich es bin!"

„Wissen Sie, wie Hitler das deutsche Volk dazu brachte, mehr als sechs Millionen ihrer jüdischen Vorfahren zu töten?" Der Mann schaute mich voller Erwartung an und so fuhr ich fort.

„Er überzeugte sie, dass Juden keine Menschen wären, und rottete dann ihr Volk wie Ratten aus."

Ich konnte sehen, dass ich seine Aufmerksamkeit hatte, also fuhr ich fort. „Wissen Sie, wie Amerikaner Millionen von Afrikaner versklavt, gequält und getötet haben? Wir haben sie entmenschlicht, so dass unsere Verfassung für sie nicht galt, und dann haben wir sie schlimmer als Tiere behandelt."

„Wie sieht es mit den Ureinwohnern Nordamerikas aus?" drängte ich weiter. „Haben Sie eine Vorstellung davon, wie wir es fertig gebracht haben, Indianer wie wilde Tiere zu jagen, sie aus ihrem eigenen Land zu treiben, ihre Dörfer zu zerstören, ihre Frauen zu vergewaltigen und ihre Kinder abzuschlachten? Haben Sie irgendeine Ahnung davon, wie sich gewöhnliche Menschen in grausame Mörder verwandeln können?"

Mein jüdischer Freund schwieg und seine Augen füllten sich mit Tränen, als ich meinen Standpunkt darlegte. „Wir

haben Menschen glauben lassen, dass die amerikanischen Ureinwohner Wilde sind, keine echten Menschen, und dann haben wir sie ohne irgendein Fehlverhalten ihrerseits brutal behandelt!

Verstehen Sie jetzt, wie wir Mütter dazu gebracht haben, ihre eigenen Babys zu töten? Wir nahmen das Wort *Fötus*, welches das lateinische Wort für „Nachkommen, Frucht" ist und haben es neu definiert, um das Ungeborene zu entmenschlichen. Wir haben Müttern gesagt: „das ist nicht wirklich ein Baby, das du in deinem Bauch trägst; es ist ein Fötus, ein Gewebe, dass sich plötzlich in ein menschliches Wesen verwandelt, nur Sekunden bevor es die Gebärmutter verlässt." und so waren wir in der Lage, zu behaupten, dass wir in Bezug auf Abtreibung nur das Menschenrecht *einer* Person in Betracht ziehen müssen, und dann haben wir Mütter davon überzeugt, dass das Loswerden eines „fötalen Gewebes" – das Leben ihrer Babys zu beenden – das Recht einer Mutter wäre. Unsere Verfassung schützt nicht länger das Ungeborene, weil es kein richtiger Mensch sind. Es ist ja nur ein lebloser Gewebeklumpen."

Mittlerweile rannen ihm Tränen die Wangen runter. Ich schaute ihm direkt in die Augen und sagte: „Ihr Volk, die amerikanischen Ureinwohner und die Afroamerikaner, sollten die größten Verteidiger ungeborenen Lebens auf diesem Planeten sein. Schließlich wissen Sie, wie es ist, wenn eine Gesellschaft sie neu definiert, damit sie ihr Volk zerstören kann. Aber ironischerweise hat ausgerechnet ihr Volk die höchste Abtreibungsrate in diesem Land! Jemand versucht immer noch, Ihr Volk auszurotten und Ihr merkt es nicht einmal. Die Namen haben sich geändert, aber die Sache bleibt die gleiche!"

Schließlich hielt er es nicht mehr aus. Er platzte heraus: „Ich habe so etwas noch nie gehört. Ich bin mit den falschen Menschen zusammen. Ich wurde getäuscht!"

Blinde Menschen sind schreckliche Reiseführer

Mein jüdischer Freund ist nicht der Einzige, der durch diese Täuschung hinters Licht geführt wurde. In unserem Rechtssystem besteht eine so große Verwirrung in Bezug auf den Ursprung des Lebens, dass Richter unseres Obersten Gerichtshofes das, was Frauen in ihrem Bauch tragen, dadurch definieren, auf welche Weise die Schwangerschaft endet.

Lasst mich euch ein Beispiel geben, was ich damit meine. Im Jahre 2005 ermordete Scott Peterson seine Frau, Laci, die im siebten Monat schwanger war. Auch der Fötus starb und das gleiche Gericht, das Frauen erlaubt, ihre Föten sogar im letzten Schwangerschaftsdrittel mit der Behauptung „es ist nicht wirklich ein menschliches Wesen, und deshalb wird es von unserer Verfassung nicht beschützt", abzutreiben, erhob Anklage gegen Scott Peterson wegen Doppelmord![8] Denk darüber nach - gibt es irgendetwas, irgendwo auf der ganzen Welt, das nach den Umständen seiner Beendigung definiert wird, statt nach dem Ursprung seiner Entstehung?

---

8   CNN, 14.Dezember 2004

Stell dir zum Beispiel vor, dass du mit dem Wagen gegen eine Wand fährst. Und dann: wenn du es absichtlich gemacht hast, nennst du es „Rohmaterial zur Eisengewinnung", aber falls es unbeabsichtigt passiert ist, nennst du es „Auto". Wie dumm wäre es, wenn man ein Fahrzeug durch sein Ende klassifiziert, statt durch seine Entstehung? Aber unser Gerichtssystem tut das jeden Tag! Die Menschen, die den größten Schutz brauchen, weil sie weder eine Stimme noch eine Wahl haben, Menschen wie Conner Peterson schreien leise, während sie im Leib ihrer Mutter getötet werden.

Die Ungerechtigkeit setzt sich fort, wenn wir die, die für Abtreibung sind, „*pro choice*" nennen, also die, die für Wahlfreiheit sind. Die Frage ist nicht, *ob* eine Frau sich für ein Kind entscheidet, sondern *wann*. In fast jedem Fall war der Akt des Geschlechtsverkehrs, der in einer Empfängnis endete, die Entscheidung von einem Mann und einer Frau, ein Akt ihres Willens (Schwangerschaften durch Vergewaltigung sind sehr selten). Aber Abtreibungsbefürworter tun so, als ob die Empfängnis etwas ist, das einfach so passiert, wie eine Krankheit, etwas, für das es keine Hilfe gibt. Wann wird der Wille der Kinder eine Rolle spielen? Wann haben sie die Wahl?

Babys fangen an, sich selbst zu behaupten

Am 24. Oktober 2006 stand die Welt unter einem völligen Schock! Die Story stand auf der Titelseite jeder Zeitung im Land, war das Thema in jeder Talk Show und besonderes Thema jedes Nachrichtenprogramms im Fernsehen.

Das Ereignis wurde als eine erstaunliche Entdeckung, ein wissenschaftliches und ein medizinisches Wunder genannt. Nein, es ging nicht um ein neues Heilmittel für Krebs, oder der Körpers eines Aliens, der in der Wüste Arizonas gefunden wurde. Es war ein Fötus, der zu einem Baby wurde, und das dann nach nur 21 Wochen und 6 Tagen Schwangerschaft geboren wurde! Ihr Name ist Amillia Sonja Taylor. Bei der Geburt war sie 24 cm lang und wog weniger als 280 Gramm. Vier Monate später ging Amillia mit ihrer Mutter und ihrem Vater nach Hause, als gesundes Baby!

Sonja Taylor, Amillias Mutter, hatte gelogen, was das Alter ihres Babys während der Schwangerschaft betraf (das Baby war künstlich gezeugt worden), damit die Ärzte eingreifen und das Baby am Leben halten würden. Vor ihrer Geburt galt die Faustregel, dass Babys vor der 24.ten Schwangerschaftswoche außerhalb des Mutterleibes nicht überlebensfähig sind.[9] Und so stellt sich die Frage, wie Menschen sich Amillia im Fernsehen anschauen und immer noch glauben können, ein Fötus sei kein Baby?

Die Geburt von Baby Amillia erinnert mich an eine Geschichte in der Bibel, in der ein reicher Mann starb und ins Totenreich ging, ein Ort, von dem er zuvor nicht glaubte, dass er existierte, und in dem er gequält wurde. Er hatte fünf Brüder, die noch auf der Erde lebten und auch nicht ans Totenreich glaubten, und so schrie er in großer Qual zu Gott: *„Bitte schicke jemanden aus dem Totenreich, um meine Brüder vor diesem Ort zu warnen!"* Aber Gott antwortete ihm mit einer erstaunlichen Wahrheit. Er sagte: *„Wenn sie Meinem Wort nicht glauben, glauben sie auch kei-*

---

9   Associated Press, 20.Februar 2007

nem, der von den Toten auferstünde" (siehe Luk 16,19-31). Amillia lebt, obwohl jeder dachte, es sei unmöglich - sie war in den Augen der Ärzte so gut wie tot. Wenn du nicht glaubst, dass ein Fötus ein Baby ist, nachdem Amillia von den Toten auferstand, um uns die Wahrheit über das Leben zu zeigen, dann hast du eine Ansicht, die nicht rational ist! Und wie bei dem reichen Mann befürchte ich, dass es ein raues Erwecken geben wird, wenn du entdeckst, was wirklich real ist.

Religion bringt uns um

Ansichten, die voller Lügen sind und Menschen in Verblendung und Täuschung halten, waren schon immer bekannt. Im frühen 16.Jahrhundert beobachtete ein Wissenschaftler namens Galileo durch die Erfindung des Teleskops, dass die Erde sich um die Sonne dreht und nicht umgekehrt. Die katholische Kirche war die politische Kraft in dieser Zeit und Galileos wissenschaftliche Entdeckung stand der Theologie der Kirche entgegen, und so stellte ihn der Papst wegen Ketzerei vor Gericht. Die Obersten der Kirche zwangen ihn, seine Entdeckungen zu widerrufen und setzten ihn unter Hausarrest, wo er die letzten Jahre seines Lebens verbrachte. Man erlaubte es Galileo nicht, das offensichtliche auszusprechen, weil es politisch inkorrekt war.[10] Durch ein hochentwickeltes Bestrafungssystem hielt die Katholische Kirche in jener Zeit die Ignoranz und Lüge für die allgemeine Öffentlichkeit aufrecht.

---

10 Nova Science Programming, "Galileo's Battle for the Heavens", siehe auch www.pbs.org/wgbh/nova/galileo

Obwohl Religion immer noch eine gewisse Rolle auf der politischen Bühne spielt, so ist es doch nicht mehr die Katholische Kirche, die die politische Agenda der Postmoderne bestimmt, sondern die Religion des säkularen Humanismus. Säkularer Humanismus unserer Zeit ist heute das, was die Katholische Kirche zu Zeiten Galileos war. Der Humanismus kontrolliert die Gedanken des Volkes und hält den heutigen Intellekt durch ein subtiles Bestrafungssystem in Ignoranz, und macht es nahezu unmöglich, das Offensichtliche anzuerkennen.

Die katholische Kirche hat riesige, schöne Kathedralen gebaut, in denen die Priester stehen und ihre Philosophien verkünden, die Gedanken ihrer Mitglieder formen und ihre Realität bestimmen. Aber in der postmodernen Ära musst du nicht mehr in die Kirche gehen, sondern sie kommt zu dir. Die Fernsehgeräte von heute sind die Kathedralen von gestern und die Medien die Priesterschaft des säkularen Humanismus. Mit wohl definierten Lehren und höchst aggressiven missionarischen Kreuzzügen arbeiten diese Hohepriester daran, Ungläubige zu bekehren und diejenigen zu kreuzigen, die sich nicht bekehren lassen. Du sagst vielleicht: „Ich sehe nicht, dass die Medien versuchen, irgendjemanden als Häretiker zu verurteilen, so wie es die Katholiken getan haben. Wir leben in einer modernen Welt, in der viele verschiedene Meinungen willkommen sind. Amerika ist das Land der freien Meinungsäußerung." Nun, wenn du dies glaubst, dann versuche einfach mal jemandem in den Nachrichtenmedien zu sagen, dass du nicht glaubst, dass Homosexualität normal ist oder dass Abtreibung nicht okay ist. Oder versuche gar den Hohepriestern der Medien anzuzeigen, dass, obwohl Männer und Frauen gleich sind,

sie dennoch unterschiedlich sind. Du wirst entdecken, was Galileo und seine Zeitgenossen in ihrer Zeit erlebt haben - intensive Verfolgung! Was die säkularen Humanisten betrifft hast du nur das Recht auf *ihre* Meinung!"

Wer das Geld hat, hat Recht

Viele (wenn auch nicht alle) Ärzte und Wissenschaftler haben sich diesem politischen Druck gebeugt und weigern sich, das Offensichtliche anzuerkennen. Es ist wichtig, hier zu bemerken, dass Wissenschaftler, die an etwas glauben, das heute politisch inkorrekt ist, vielleicht nicht verhaftet werden wie zu Zeiten Galileos. Sie werden jedoch den Rest ihres Lebens arm sein, weil das politische System die Finanzierung der meisten Wissenschaftler steuert. Mit anderen Worten: Als Wissenschaftler politisch inkorrekt zu sein, ist finanzieller Selbstmord! Und darin kannst du dir sicher sein: Abtreibung ist eine *90 Milliarden Dollar Industrie*, die einen großen Teil unserer Weltwirtschaft antreibt. Beim Sezessionskrieg ging es um das Gleiche. Die Südstaaten wollten die Sklaverei nicht aufgeben, weil sie eine Agrarwirtschaft hatten und billige Sklavenarbeit diese in hohem Maße antrieb. Die Geschichte wiederholt sich!

Erfindung soll doch zur Erneuerung führen, oder?

Als Galileo das Teleskop perfektionierte (er hat es eigentlich nicht erfunden), wurde eine völlig neue Welt entdeckt. Viele vorhergehende Theorien waren veraltet, und die Astronomie machte einen gewaltigen Schritt nach vorne oder versuchte es zumindest. Heute ist das Ultraschallbild für die moderne Medizin das, was das Teleskop für die Astronomen zu Zeiten Galileos war. Wir können nun die Entwicklung von Föten im Mutterleib beobachten und sehen, wie sie auf verschiedene Bedingungen in ihrer winzigen Umgebung reagieren. Was wir über die frühe Entwicklung des Fötus durch die Erfindung der Sonographie gelernt haben, ist ebenso erstaunlich. Es sollte die moderne Sicht über Abtreibung komplett verändern, weil wir jetzt mit unseren eigenen Augen bezeugen können, dass der Fötus Schmerz fühlen kann, und um sein Leben kämpft, während er buchstäblich von einer Salzlösung (Säure) lebendig aufgefressen wird, die zur Abtreibung in die Gebärmutter gespritzt wurde. Aber der extreme politische Druck durch die humanistischen Hohepriester hält uns fest im dunklen Zeitalter religiöser Lehren, und hält an Theorien fest, die wirklich veraltet sind.

Ist es nicht absurd, dass die moderne Wissenschaft unaufhörlich daran arbeitet, mit Versteinerungen, die Millionen Jahre alt sind, die Geschichte prähistorischer Geschöpfe wieder zu beleben, oder eine vollständige Darstellung des Ökosystems darzulegen, dass es vor Millionen von Jahren gab, während sie gleichzeitig beharrlich nicht mit der Sprache herausrückt, wenn es darum geht, dass ein Fötus ein Baby ist. Wie ernst sollen wir die Wissenschaftler nehmen, wenn sie versuchen, die Evolution des Menschen durch einen Prozess von Millionen von Jahren zu erklären, und „Beweise", wie die Kohlenstoffmethode, Chromosom Präzedenz Matrix und besondere mathematische Gleichungen, anführen, während sie sich gleichzeitig weigern, den Ursprung des Lebens im Bauch einer Mutter anzuerkennen? Wenn der Ursprung des Lebens durch die moderne

Wissenschaft in solchem Maß pervertiert werden kann, dann fragt sich jede normal denkende Person, inwieweit irgendwelche wissenschaftlichen Grundannahmen den Rest ihrer wissenschaftlichen Theorien beeinflussen.

Bis heute haben viele moderne Wissenschaftler nicht den Mut Galileos, sondern beugen sich stattdessen dem Druck der religiös humanistischen Agenda, und tauschen Tatsachen gegen Täuschung und Fabeln aus. Wo sind die Galileos unserer Zeit? Wo sind die mutigen Seelen mit brillanten Gedanken, die es nicht zulassen, dass die Annahmen vergangener Generationen und die politische Agenda besonderer Interessengruppen ihre wissenschaftlichen Entdeckungen pervertieren? Führende Wissenschaftler müssen die Ketten dieses religiösen Geistes zerbrechen und uns über den wahren Ursprung des menschlichen Lebens im Bauch einer Frau aufklären. Sie müssen das Offensichtliche bestätigen und als fachkundige Zeugen in den höchsten Gerichten unseres Landes Zeugnis geben. Die Erde dreht sich um die Sonne, und ein Fötus ist ein menschliches Leben!

In unserer Zeit ist dieses Thema von einer Dringlichkeit, der unsere wissenschaftlichen Vorfahren zu Galileos Zeiten nicht gegenüber standen. Wie viele Menschen haben unter den falschen Annahmen über die Erdumlaufbahn gelitten? Keine! Aber die Auswirkungen der Fehlbestimmung eines Fötus, tötet weltweit 89 Babys pro Minute. Dies bedeutet, dass in der Zeit, in der du diese Zeilen liest, zwei Kinder getötet werden, einfach nur, weil manche Menschen nicht glauben, dass sie wirklich ein menschliches Wesen sind. Nun, dies ist die niederschmetternde Wahrheit! Es sind mehr Kinder gestorben durch die Hände der Abtreibungsärzte in diesem Land seit „Roe vs. Wade"[11] als in all den Kriegen der Amerikanischen Geschichte. Und die 90 Milliarden-Dollar Frage lautet: Warum?

Mütter erhielten eine Gehirnwäsche

Wir haben fast 20 Jahre lang in den *Trinity Alps* in Nord-Kalifornien gelebt. Eines der Dinge, die wir im Wald beobachtet haben, war, dass passive, scheue Tiere wie Rehe, Eichhörnchen oder sogar Vögel aggressiv wurden, wenn ihre Brut in Gefahr war. Lege nur einmal deine Hand in das Loch eines Eichhörnchens, in dem ihre Babys nisten und du wirst eine Offenbarung über den Mutterinstinkt der Natur bekommen.

Also, was ist mit dem Mutterinstinkt bei menschlichen Müttern? Als sich die amerikanischen Gesetze änderten, wurde Abtreibung legal, aber unsere Gesetze *verlangten* nicht von den Frauen, ihre Kinder abzutreiben wie es bei den Gesetzen in China der Fall ist. Also warum hatte die Änderung in unseren Gesetzen 1,5 Millionen Abtreibungen pro Jahr zur Folge? Mit anderen Worten: wenn unsere Gesetze nicht von uns verlangen, unseren Nachwuchs zu töten, warum tun wir es dann? Du wirst wahrscheinlich nicht überrascht sein zu erfahren, dass unsere Nation seinen Mutterinstinkt nicht innerhalb eines Jahres verloren hat, sondern dass er nach und nach in den letzten 150 Jahren durch einen langen Prozesses kultureller Veränderungen erodiert wurde.

---

11 Sammelklage schwangerer Frauen gegen das Abtreibungsverbot in Texas, 1973; Anm. des Übersetzers

Diese kulturelle Wandlung in Amerika begann, als unser Land vom Agrarzeitalter zum Industriezeitalter überging. Während des Agrarzeitalters arbeiteten Kinder auf dem Feld als kostenlose Arbeitskraft. Die Wirtschaft ermutigte die Menschen große Familien zu haben. Je größer die Familie war, desto reicher war sie. (Dies ist auch der Grund, warum es in unserem Schulsysteme für die Kinder die großen Sommerferien gibt. Die Tradition der Sommerferien ist im Agrarzeitalter verwurzelt, in dem Kinder während der Ernte in den Feldern arbeiteten. Wenn in diesen Zeiten die Schule während der Erntezeit weiter gelaufen wäre, hätte dies entweder der Wirtschaft geschadet, wenn Kinder nicht arbeiten durften, oder dem Bildungssystem, wenn die Kinder nicht in der Lage gewesen wären, mit ihren Schulkameraden mitzuhalten. Aber als Amerika ins Industriezeitalter kam, wurden Kinder eher zu einer Last als zu einem Nutzen. Sie benötigten immer noch Fürsorge, aber sie sorgten nicht länger für Einkommen. Die Auswirkungen davon spürte man deutlich während des zweiten Weltkrieges, als unsere Frauen arbeiten gehen mussten, um die Kriegsanstrengungen zu unterstützen, da Amerika buchstäblich die Munition auf dem Schlachtfeld ausging, während unsere Männer kämpften. Als Frauen das erste Mal den Markt in großem Umfang betraten, wurden Kinder zu einem logistischen Albtraum und die Gesellschaft verwandelte sich von einer mütterlichen zu einer militärischen Kultur.

Die Rolle der Frau in der Gesellschaft

Eine weitere kulturelle Wandlung, die die amerikanische Haltung gegenüber Kindern beeinflusst hat, war die Frauenrechtsbewegung. Ich habe schon erwähnt, dass Frauen anfangs in diesem Land als Bürger zweiter Klasse betrachtet wurden, und sie bis ins Jahr 1920 nicht einmal das Recht hatten zu wählen. Aber mit dem Aufkommen der Frauenrechte wurde auch die Rolle der Frau neu definiert. Da Männer das Wertesystem unserer Gesellschaft kontrollierten, bestimmten *sie*, welche Werte in Ehre gehalten und welche missachtet wurden. Dies hatte zur Folge, dass männliche Werte hoch geschätzt, während die Rolle der Mutter niedrig bewertet wurde. Daraufhin bekamen Frauen zwar die gleichen Rechte, aber nur weil sie sich der Geschlechter-„Klonung" unterwarfen und zuließen, dass Unterschiede im Rollenverhalten als „Klischee" eingeordnet wurden. Grundsätzlich sagten die Männer: „Wenn du die gleichen Rechte haben willst wie wir, dann musst du auch die gleiche Rolle einnehmen wie wir."

Ich frage mich oft, was passiert wäre, wenn unsere Frauen zu ihren Ehemännern gesagt hätten: „Ich mache ein Geschäft mit dir. Du bleibst einen Monat lang zu Hause bei den Kindern und ich werde arbeiten gehen und deinen Job machen." Ich habe das Gefühl, dass am Ende eines Monats die Männer unseren Frauen gerne die gleichen Rechte gegeben hätten, ohne Geschlechter-„Klonung". Aber dies ist nicht geschehen. Als die Rolle der Mutter in unserer Gesellschaft untergraben wurde, fühlten sich Frauen zu Hause mit der Aufgabe „gefangen", Kinder großzuziehen, während sie anderen Frauen zusahen, die den Männern in

die abenteuerliche Welt der Erwerbstätigen folgten. Es dauerte nicht lange, bis Kinder zum Stolperstein dieses großen Abenteuers wurden, und sie auf dem Altar des Materialismus geopfert wurden.

Ist Evolution eine Tatsache?

Während die Frauen sich durch ihre Rolle in der Gesellschaft durcharbeiteten, entstand eine weitere gewaltige Kraft in unserem Land. Der Darwinismus wurde in den frühen 1960ern in unserem Schulsystem eingeführt. Obwohl die Darwinsche Evolutionstheorie schon seit Mitte des 19.ten Jahrhunderts bekannt war, fasste sie im modernen Denken tatsächlich erst während der sexuellen Revolution Fuß. Meiner Meinung nach schuf die sexuelle Revolution die perfekte Umgebung für den Darwinismus: Menschen verletzten ihre eigenen moralischen Werte und suchten nach einem Weg, so dass sie Gott für die Schuld, die sie auf sich luden, keine Rechenschaft ablegen mussten. Charles Darwin gab der Welt die Ausrede, die sie brauchten, um wie in der Hölle zu leben, ohne dem Himmel Rechenschaft abzulegen.

Der Darwinismus sagt im Grunde, dass alles Leben, einschließlich dem menschlichen Leben, sich seit Millionen von Jahren von alleine entwickelt, und diese Behauptung brachte drei wichtige Wandlungen in unserem Denken hervor:

Erstens wurde gelehrt, dass wir nicht nach dem Bilde Gottes geschaffen sind, wie Menschen es bis dahin gemeinhin glaubten, sondern dass ihre Vorfahren nicht göttlich, sondern affenähnlich waren. Diese Wandlung veränderte die Art und Weise, wie die Gesellschaft menschliches Leben bewertete, weil sie die Menschheit auf *smarte Affen* reduzierte und das Königreich der Tiere begann, den Wert eines Menschen zu bestimmen. Menschen haben seit Anbeginn der Zeit Tiere gejagt, und so ist es einfach zu sehen, wie dieses Wertesystem die Art und Weise beeinflusste, wie wir uns selbst sehen und behandeln. Heute schützen wir Tiere und töten Babys.

Zweitens hat uns die Evolutionstheorie gelehrt, dass wir durch eine Reihe kosmischer Unfälle entstanden sind, die vor über Milliarden von Jahren passiert sind, was bedeutet, dass es keinen göttlichen Entwurf, keine Bestimmung gibt, für die wir geschaffen wurden und keinen Schöpfer, der uns genug liebte, um für uns zu sterben. Stattdessen gibt es nur uns - ganz alleine auf diesem riesigen Stein, den wir Erde nennen. Die Evolutionstheorie sagt uns, dass wir geboren wurden, um zu sterben, ohne eine Ewigkeit vor uns und ohne Himmel nach uns. Diese Philosophie macht naturgemäß Vergnügen zum höchsten Lebensziel auf diesem gottverlassenen Planeten. *„Iss, trink und heirate, den morgen werden wir sterben",* ist das Motto des Darwinismus. Wenn wir das Leben aus dieser Perspektive betrachten, fällt es nicht schwer zu verstehen, warum unsere Mutterinstinkte nachgelassen haben. Ob wir mit Darwin übereinstimmen oder nicht, ist nicht so wichtig, wie zu verstehen, dass diese wissenschaftlichen Theorien uns eine kulturelle Geisteshaltung beschert hat, die sich äußerst zerstörerisch auf die Würde des Menschen ausgewirkt hat und zu dem Niedergang des menschlichen Lebens führt.

Aber die letzte und vielleicht destruktivste kulturelle Veränderung, die die Evolution unserer modernen Gesellschaft brachte, ist die eindimensionale Sicht der Realität. Der Darwinismus versucht, die ganze Schöpfung durch die materielle Welt zu erklären und ignoriert dabei die Seele des Menschen und leugnet die gesamte Existenz des geistlichen Bereichs. Darwin und seine Anhänger haben die Tatsache außer Acht gelassen, das seit Beginn der Aufzeichnung der menschlichen Geschichte, auf jedem Kontinent der Welt und unter jeder Volksgruppe, Menschen behauptet haben, dass sie Zeugen eines Wunders waren - hunderttausende Wunder und Manifestationen, die jeder Logik, jedem Verstand und materiellen Erklärungen trotzen.

Ich persönlich war Zeuge von hunderten von Wundern. Ich habe zum Beispiel Tumore gesehen, die die Größe eines Baseballs hatten und unter den Händen derjenigen, die für die geplagte Person beteten, verschwanden. Ich habe einen kleinen Jungen gesehen, der mit einem Klumpfuß auf die Welt kam, geheilt wurde, und das erste Mal in seinem Leben während eines Gottesdienstes anfing zu laufen. Ich war dabei, als eine Frau, die bei einem Autounfall eine Kniescheibe verloren hatte und deren Bein steif war, völlige Wiederherstellung empfing. Ihre Kniescheibe und ihr Gelenk kamen buchstäblich zurück, als eine ältere Dame unseres Ministry-Teams einen Meter entfernt von mir für sie betete! Wenn auch nur eins dieser Wunder wahr ist, dann haben die Wissenschaft und der Darwinismus ein wirkliches Problem. Wenn etwas den Gesetzen der Natur trotzt, ist es dann nicht vernünftig, daraus zu schließen, dass die Schöpfung selbst aus einer anderen Dimension heraus entstanden ist?

Die Bibel sagt, dass der geistliche Bereich die materielle Welt sogar übersteigt, und dies kann man am deutlichsten in der Manifestation von Wundern sehen, weil ein Wunder per Definition etwas ist, das außerhalb der Naturgesetze geschieht. Obwohl man die geistliche Welt nicht mit dem Teleskop oder einem Mikroskop sehen kann, sind die Auswirkungen des geistlichen Bereichs im materiellen Bereich erkennbar und offensichtlich. Jesus hat es so gesagt: *„Der Wind bläst wo er will, und du hörst sein Sausen wohl; aber du weißt nicht, woher er kommt und wohin er fährt. So ist es bei jedem, der aus dem Geist geboren ist. "* (Joh 3,8) Die geistliche Welt besitzt ein hoch entwickeltes Ökosystem; und obwohl es sich vom sichtbaren Bereich unterscheidet, ist es dennoch sehr vorherrschend. Was wir in dieser Welt ein Wunder nennen, ist eigentlich eine geistliche Realität, die sich im natürlichen Bereich manifestiert. *Wunder sind einfach das sichtbare Resultat eines übergeordneten Königreichs, das unserem untergeordneten Land überlagert ist, ein höher entwickeltes Ökosystem, das in unsere sichtbare Realität herein bricht.*

Wie beeinflussen meine Entscheidungen mein Innenleben?

Wenn Wunder auf dieser Welt wirklich geschehen, dann muss Gott real sein, und nicht einfach ein religiöses Symbol, das Menschen anbeten, um ihr Gewissen zu beruhigen. Gott und der geistliche Bereich existiert nicht nur, sondern unsere Handlungen, Haltungen und Entscheidungen in diesem Bereich bestimmen, in welcher Beziehung wir mit dem höheren aber unsichtbaren Königreich stehen. Wenn wir mit den Gesetzen des Geistes kooperieren, werden

Menschen geheilt und leben ein glückliches Leben. Aber wenn wir die übernatürlichen Gesetze des Geistes verletzen, richten wir in unserem Leben verheerenden Schaden an, der nicht durch eine Aspirin Tablette oder einen Arztbesuch behoben werden kann.

Abtreibung stellt eine Verletzung der übernatürlichen Gesetze des Geistes dar. Wenn du deinem ungeborenen Kind das Leben nimmst, lädst du damit alle Arten von Zerstörung in dein Herz ein, die nicht unbedingt in Worten ausgedrückt werden können, aber die man sehr wohl erlebt. Dies hat oft Symptome wie Krankheit, Depression, Müdigkeit und eine Menge anderer negativer Zustände zur Folge, die eigentlich Zeichen eines geistlichen Sturms in dir sind. Wenn du mir nicht glaubst, dann untersuche mal die Zustände der meisten Frauen nach einer Abtreibung. Bereite dich darauf vor, denn das, was du hören wirst, wird dich schockieren. Du wirst dich fragen, warum sie dir dies nicht in der Abtreibungsklinik gesagt haben. Aber denke daran, dass ich dich davor gewarnt habe, dass Abtreibung ein großes Geschäft ist. Es ist fast so als ob man Autos verkauft. Die Klinik macht nur dann Geld, wenn sie dich von einer Abtreibung überzeugt, und nicht, wenn sie es dir ausredet.

Der Abend vor der Zerstörung

Was jetzt folgt, ist die wahre Geschichte einer Frau, die ich persönlich kenne, und die dem Abtreibungsmarketing Glauben geschenkt hatte. Jeanine war ein typisches Mädchen, die in einer durchschnittlichen amerikanischen Familie aufwuchs. Ihr Vater war ein böser Mann, dessen verbaler Missbrauch und Einschüchterung eine häusliche

Umgebung von Instabilität und Angst schuf. Er verlangte unangemessene Perfektion und nichts, was sie tat, war gut genug. Diese Spannung hatte zur Folge, das Jeanine unter großen Ängsten litt und sie folglich nie eine Verbindung zu ihrem Vater aufbaute. Dies machte sie natürlich hungrig nach männlicher Zuneigung und Bewunderung. Die Leere in ihrer Seele führte dazu, dass sie bei den jungen Männern nach Liebe und Aufmerksamkeit suchte, mit denen sie ausging. Es schien so, als wären ihre Freunde eine Zufluchtsstätte vor den Stürmen des Lebens, ein sicherer Hafen der Liebe und des Friedens.

Aber Jeanines intensives Bedürfnis nach Liebe führte dazu, dass sie ungesunde Beziehungen zu diesen Männern entwickelte. Bald wurde sie zum Sklaven für die Männer, mit denen sie ausging, weil sie darum kämpfte, die durch ihren Vater verursachte Leere zu füllen. Sie hatte solche Angst, von ihnen abgelehnt zu werden, dass sie zuließ, dass sie ihre Grenzen verletzten und ihre Reinheit zerstörten. Dies hatte zur Folge, dass sie mit 17 schwanger wurde. Ihr Freund wollte das Kind nicht, und das Baby drohte, ihre Beziehung zu ihm zu zerstören. Er drängte sie dazu „es loszuwerden". Nach zwölf Wochen Schwangerschaft, verunsichert und voller Angst, abgelehnt zu werden, ging Jeanine zu einer Beratungsstelle für Schwangere, um sich Rat zu holen. Dort wurde ihr gesagt, dass das Fötus in ihr nur ein „Zellhaufen" sei und dass „die Prozedur, ihn zu entfernen, nur ein paar Minuten dauern würde". Alleine, ängstlich und ohne Rückhalt von anderen, entschied sie sich dazu, die „Prozedur" über sich ergehen zu lassen.

Jeanine war während der gesamten Operation bei Bewusstsein. Es war schrecklich für sie, zu hören und zu sehen, wie der Arzt den Fötus aus ihrem Leib entfernte. „War das wirklich nur ein Zellhaufen oder war es ein Baby?", fragte sie sich. Sie kämpfte damit, sich selbst immer wieder davon zu überzeugen, dass sie „das Richtige" getan hätte, aber die Gewalt des Vakuumschlauchs, der in ihrem Unterleib war, und das Geräusch, als der Fötus ausgesaugt wurde, verfolgten sie. Sie wollte doch ihrem Freund gefallen und ihre Beziehung retten. Leider war der aber ein paar Monate später weg! Kummer und Schuldgefühle wurden ihre neuen Lehrmeister. Sie hasste sich für das, was sie getan hatte, und bekam Bulimie.

Elendig, niedergeschlagen und mutlos kämpfte Jeanine darum, Frieden für ihre Seele zu finden. Jeder neue Freund wurde zu einer falschen Hoffnung, glücklich zu werden, zu einem weiteren unerfüllten Wunsch nach Liebe. In den nächsten zehn Jahren wurde sie noch vier Mal von drei unterschiedlichen Männern schwanger. Sie beendete jede Schwangerschaft mit einer Abtreibung, um die Beziehung aufrechtzuerhalten, und doch verließen all diese Männer sie schließlich. Jede Abtreibung führte dazu, dass Jeanine sich immer mehr hasste. Bei ihrer letzten Abtreibung war Jeanine schließlich Augenzeuge der Prozedur, der sie sich unterwarf. Das Bild quälte sie und trug noch mehr zu ihren Schuldgefühlen und ihrem Selbsthass bei. Ihr Leben wurde zu einem inneren Gefängnis; Schuld, Scham und Selbsthass waren die Gitterstäbe ihres Gefängnisses, und Hoffnungslosigkeit ihr unbarmherziger Wächter. Ihr Mutterinstinkt wurde durch Schuldgefühle aufgelöst und bald fühlte sie sich vollständig unwürdig, je eine Mutter zu sein. Schließlich, wie hätte sie jemals die Liebe eines eigenen Kindes verdient? Scham und Gewissensbisse führten dazu, dass Jeanine sich selbst bestrafte. Unbewusst lud sie Männer in ihr Leben ein, von denen sie sich als eine Art pervertierter Wiedergutmachung missbrauchen ließ. Obwohl sie den Missbrauch hasste, gab es ihr eine Art von Gerechtigkeitsempfinden für die Dinge, die sie falsch gemacht hatte. „Schließlich", schlussfolgerte sie, „verdiene ich es, verdammt zu werden für das, was ich meinen Kindern angetan habe."

Gott sei Dank endet die Geschichte nicht hier. Nach über zehn Jahren, fünf Abtreibungen und zahllosen sexuellen Beziehungen, erreichte Jeanine einen Punkt der Verzweiflung. Es war wie ein Hoffnungsschimmer, als ihre Mutter sie ermutigte, eine „bibelgläubige" Gemeinde zu besuchen. Am nächsten Tag lag eine Postkarte in ihrem Briefkasten, die sie zu einem örtlichen Gottesdienst einlud. Hier fand sie mit 30 Jahren die Quelle der Hoffnung und die Tür zur Freiheit. Der Prediger gab die einfache Botschaft der Erlösung durch Jesus Christus weiter und an diesem Abend gab sie Ihm ihr Leben in einem Gebet der Vergebung und der Übergabe. Und dann lernte Jeanine, dass das Geheimnis des Ganzseins und des Friedens in ihrer Hingabe an Jesus liegt. ER war der EINZIGE, der die Macht hatte, sie von ihrem alten Leben zu befreien, und ihr einen neuen Anfang zu schenken.

In den folgenden Jahren durchlebte Jeanine den Prozess der Wiederherstellung. Eines Tages kam sie während eines Gottesdienstes nach vorne, um Gebet zu bekommen

und wurde auf wundervolle Weise von der Bulimie geheilt. Von da an trat sie einer Gruppe von Frauen bei, die sich vom *Post-Abortion-Stress-Syndrom* durch ein Programm namens PACE[12] erholt hatten. Dieses Programm wurde zum Katalysator, den der Herr gebrauchte, um sie völlig wiederherzustellen. Ein Jahr nachdem Jeanine zum Herrn kam, fand sie den Mann ihrer Träume. Sie trafen sich in der Gemeinde, jeder von ihnen war dabei, sein Leben neu aufzubauen. Sie haben zwei wunderbare Kinder und ihr Leben ist endlich voller Lachen und Freude. Gottes Erlösung hat auch das Leben von Jeanines Vater berührt und hatte seine Hinwendung zu und Wiederherstellung durch Christus zu Folge.

Jemand stellt dir nach

Es gibt einen weiteren wichtigen Grund, warum Jeanine und so viele andere amerikanische Frauen ihren Mutterinstinkt verloren haben. Es mag für manche Menschen vielleicht schwer sein, ihn zu begreifen, aber hier kommt er. Ich habe euch schon gesagt, dass die geistliche Welt real ist und dass sie eine transzendente Beziehung zur sichtbaren Welt hat. Nun, die Wahrheit ist, dass das geistliche Reich nicht nur aus der höheren Realität des Reiches Gottes besteht, die sich durch das Übernatürliche zeigt. Es gibt auch eine Dimension des geistlichen Reiches, die sich, wie ich gerade beschrieben habe, in Zerstörung zeigt. In diesem

---

12 Post-Abortion-Counseling and Education, ein Seelsorge-Programm für Frauen nach Schwangerschaftsabbrüchen. Das PACE Arbeitsbuch, das Jeanine benutzte, heißt "Forgiven and Set Free: A Post-Abortion Bible Study For Women (Bibelstudium für Frauen, die eine Abtreibung hatten) von Linda Cochran und Kathy Jones (Grand Rapids, MI: Baker Publishing Group, 1996).

Königreich der Zerstörung gibt es einen Serienmörder, der meistens in gewissen epischen Zeiten der Geschichte zuschlägt. Tatsächlich ist er nicht nur ein Serienmörder, sondern ein Massenmörder, der unter geeigneten Bedingungen tausende von Babys ermordet.

Seine Vorgeschichte liest sich wie ein Horrorfilm. Der erste schriftliche Beleg, wo er *in Massen* zuschlug stammt aus den Tagen von Mose. Die Israeliten wurden durch die ägyptische Regierung versklavt und Gott sorgte dafür, dass ein Kind namens Mose geboren wurde, um sie von ihrer Knechtschaft zu befreien. Genau um die Zeit von Moses Geburt übermannte dieser Massenmördergeist den König von Ägypten und dieser befahl daraufhin, dass alle männlichen Kinder bei der Geburt durch die hebräischen Hebammen getötet werden sollen. Natürlich entkam Moses und kehrte 80 Jahre später nach Ägypten zurück, um sein Volk zu retten. Aber in der Zwischenzeit kamen mehrere tausend Babys zu Tode.

Der nächste Völkermord war wiederum von diesem Geist angetrieben: das Volk Gottes lebte in Knechtschaft unter der römische Herrschaft, und gleichzeitig in der unsichtbaren Welt in einer geistliche Versklavung. Wieder begann das Volk nach jemandem zu rufen, um sie zu retten, und wieder sandte Gott ihnen einen Held, in Gestalt eines Babys namens Jesus. Aber wieder einmal brachte dieser Massenmördergeist die römische Regierung gegen das jüdische Volk auf, woraufhin König Herodes befahl, alle männlichen Kinder im Alter von zwei Jahren und jünger abzuschlachten. Soldaten gingen von Haus zu Haus und ermordeten kleine Babys, während ihre Familien zusehen

mussten. Man sagte, dass man das Volk noch Meilen entfernt weinen und klagen hören konnte, während das Blut die Straßenrinnen hinunterfloss.

Auch heute leben Menschen in Knechtschaft und schreien, um von der Sklaverei der Korruption, Abhängigkeiten und Depression befreit zu werden, und Gott sendet uns Helden in Gestalt von Kindern. Alle Bedingungen sind erfüllt, dass dieser Massenmördergeist wieder auf unserem Planeten aktiv wird. Er folgt dem gleichen Muster, indem er Regierungen dazu bringt, Gesetze zu erlassen, während unsere Familien abseits stehen und zusehen, wie ihre Nachkommen mit Säure beschossen und in kleinen Stücken aus dem Bauch ihrer Mütter gezogen werden, um dann wie Müll entsorgt zu werden! Aber wenn sich die Geschichte hier wiederholt, sind Helden unterwegs, um uns von diesem Irrsinn zu befreien, und uns unsere vorbestimmte Herrlichkeit wiederzugeben.

Wirst du auf der Seite der Helden stehen, oder bei den Bösewichten? Du denkst vielleicht, dass du bereits vor langer Zeit deine Entscheidung getroffen hast, als du dich für eine Abtreibung entschlossen hast. Nun, lass mich dir sagen, dass es nie zu spät ist, um auf Gottes Seite zu wechseln. ER ist immer bereit, dir zu vergeben und dich wiederherzustellen. Aber du musst dich demütigen, zugeben, dass du falsch liegst, und deine Einstellung über Abtreibung ändern. Du musst mit Gott übereinstimmen, menschliches Leben hoch genug zu werten, damit du nie wieder ein Baby tötest. Vielen Menschen tun ihre Handlungen leid, aber sie sind nicht bereit, ihre Lebensweise zu ändern, und so nehmen sie Gottes Hilfe nicht in Anspruch.

Traum

*Vorsicht! Lies dieses Kapitel auf eigene Gefahr! Der Inhalt
enthält brisantes Material, das dich vielleicht aus der Bahn
werfen wird.*

Am 20.Dezember 2006, um sechs Uhr morgens, hatte
ich einen schockierenden Traum. In diesem Traum saß ich
neben Gott auf Seinem Thron. Vom Thron aus konnten wir
Schreie hören, die von der Erde kamen. Es waren marker-
schütternde Schreie, die ich nur ein Mal in meinem Leben
gehört hatte, als eine Horde von Koyoten hinter meinem
Haus in Weaverville ein junges Reh umkreiste. Es war mitten in der Nacht. Sie fraßen das Reh bei lebendigem Leibe
auf, während es minutenlang schrie.

Der VATER saß auf seinem Thron und hielt die Erde
in Seinen Händen. Er beugte sich vor, als ob er dem Lärm
auf den Grund gehen wollte. Mir wurde klar, dass der Lärm
von Kindern im Leib ihrer Mütter kam. Sie schrien um
Hilfe, während sie bei der Abtreibung durch Säure aufgefressen wurden. Unser VATER begann hemmungslos zu
weinen und Seine Tränen wurden zu Regen, der auf die
Erde fiel. In diesem Traum wusste ich, dass ER nicht nur
wegen der Kinder weinte, sondern auch wegen der Mütter.
Während die Tränen seine Wangen herunter liefen, drehte
Er sich zu mir um und schaute mir tief in die Augen. Ich
konnte fühlen, wie Er in meine Seele schaute und ich
konnte Ewigkeit in Seinen Augen sehen. Er sprach mit
einer Donnerstimme zu mir: „Du musst dieses Buch schreiben!" Die Szene änderte sich und plötzlich sah ich Bilder von abgetriebenen Kindern in Plastiktüten auf einem

Computerbildschirm. Da waren große Mengen von blutigen Körperteilen. Ich klickte auf verschiedene Bilder und ein Video über das gesamte Leben des Kindes, seine oder ihre Bestimmung, begann zu laufen. Dann wachte ich voller Kummer auf.

Eine persönlich Bemerkung

Als ich begann dieses Buch zu schreiben, rieten mir einige Menschen, dieses Kapitel auszulassen, da es viele der Menschen angreifen würde, die ich eigentlich erreichen möchte. Aber ich hatte diesen Traum, nachdem bereits ein Drittel des Kapitels geschrieben war, und ich wusste, dass ich dem Wort Gottes, das Er mir gegeben hatte, treu sein musste. Ich glaube nicht, dass Gott auf die Menschen, die eine Abtreibung hatten, zornig ist. Aber wie jeder liebende Vater ist Er tief betrübt darüber, dass diejenigen, denen Er eine Chance zu leben gegeben hat, nun entscheiden, anderen die Chance auf Leben vorzuenthalten.

Meine Mutter wurde im Jahre 1954 außerehelich mit mir schwanger. In diesen Tagen war die Gesellschaft viel mehr mit Scham behaftet, was vorehelichen Sex betraf als heute, aber ich bin froh, dass Abtreibung illegal war und dass meine Mutter mich behalten hat, obwohl es für sie eine wirklich schwere Situation war. Ich hatte eine harte Kindheit, weil ich in den ersten 17 Jahren meines Lebens physisch und emotional missbraucht wurde. Aber Gott setzte sich für mich ein und mein Leben wurde großartig. Du würdest dieses Buch nicht lesen, wenn mir keine Chance gegeben worden wäre zu leben. Die Bibel sagt, dass Kinder ein Schatz und eine Freude sind, eine Belohnung von Gott (siehe Ps 127,3). Eine Frau fragte mich mal: *„Wenn Gott mir vergeben hat, dass ich Sex außerhalb der Ehe hatte, als ich Ihn darum bat, warum wurde ich dennoch schwanger?"* Ich sagte ihr, dass das Kind, das sie austrägt, ein Zeichen ist, dass Gott aus einer schlimmen Situation etwas Wunderbares machen kann.

Niemand ist unerwünscht

Meine Damen, egal wie hart das Leben für euch ist und wie schwer es vielleicht für das Kind wird, das du vielleicht gerade austrägst: Jeder verdient eine Chance. Dein Baby sterben zu lassen für einen Fehler, den du vielleicht begangen hast, wird dein Problem nicht lösen; es wird deine Probleme nur noch verstärken. Wenn ein Mann versucht, dich zu einer Abtreibung zu bewegen, ist er es nicht wert! Denke darüber nach, um was er dich bittet, und wie es den Rest eurer Beziehung beeinflussen wird. Er wird sein Leben damit verbringen, andere für die Fehler bezahlen zu lassen, die er begangen hat. Ist dies jemand, mit dem du den Rest deines Lebens verbringen möchtest? Man hört in der Abtreibungsdebatte eine Menge über ungewollte Schwangerschaften, aber die Realität in Amerika ist, dass es so etwas wie ungewollte Schwangerschaften nicht gibt. Familien stehen Schlange, um Kinder zu adoptieren. Es ist keine Schande zuzugeben, dass du einen Fehler gemacht hast, und dann aber eine gute Entscheidung zu fällen, um es richtig zu machen. Manchmal ist es schwer, den Menschen, die du respektierst, zu sagen, dass du in Schwierigkeiten bist. Aber denke daran: Diese Menschen haben alle auch Fehler gemacht. Wenn sie dich wegen deiner Fehler richten

oder ablehnen, ist es ihr Problem, nicht deines. Der Himmel
ist immer bereit, dir zu helfen. Bitte darum.

KAPITEL 10

Grace

Es begann alles spät in einer Sommernacht vor einigen Jahren. Ich brachte einen meiner geistlichen Söhne mit nach Hause nachdem wir mit einer Gruppe von Teenagern in einer alten Sporthalle in unserer Nähe Basketball gespielt hatten. Anthony war ungewöhnlich still, als wir die engen Kurven durch die Trinity-Berge hinab fuhren. Ich spürte, dass ihn etwas bewegte, aber ich entschied mich, es ihn für sich selbst verarbeiten zu lassen. Ich kannte ihn gut genug, um zu wissen, dass er mich um Hilfe bitten würde, wenn er innerlich dazu bereit war.

Nachdem einige Minuten vergangen waren, sah er schließlich zu mir herüber und platzte heraus: „Werde ich mich jemals in jemanden verlieben?" Mit hängendem Kopf, seine Tränen unterdrückend, fuhr er fort: „Alle meine Freunde gehen schon mit Mädchen aus - es scheint gerade so, als ob sie verrückt nach ihnen sind. Ich mag Mädchen auch, aber hab' mich noch nie in eine verliebt. Stimmt mit mir etwas nicht?"

„Nein", antwortete ich. „Jeder von uns wird sich mal verlieben und auch dir wird es einmal so gehen! Zum passenden Zeitpunkt wird die richtige Frau bei dir vorbeikommen. Du bist ja erst 16 Jahre alt und hast dein ganzes Leben noch vor dir, mein Sohn. Hab' einfach Geduld mit dir. Du wirst sehen, eines Tages wird eine Frau auftauchen und es wird dich umhauen! Keine Sorge!"

Zustimmend nickte er mit dem Kopf, aber so ganz schien er nicht überzeugt zu sein. Als wir schließlich zu Hause ankamen, sprang er aus dem Auto ins Haus hinein. Mit meinem Herzen fühlte ich mit ihm, als ich so über unsere Unterhaltung nachdachte und mir meine eigenen Probleme mit der Liebe in Erinnerung kamen, die ich als junger Mann auch hatte. In den folgenden Tagen schien er zurückgezogen, nachsinnend und ein wenig durcheinander. Wenn ich versuchte, das Thema wieder anzusprechen, schien es nicht so, als ob er für ein Gespräch darüber offen war. Tage und Monate vergingen, der Sommer verabschiedete sich und nach dem Herbst waren wir schließlich mitten im Winter.

Dann wurde eines Nachts die Stille durch das laute Klopfen an unserer Eingangstür unterbrochen. Das Geräusch weckte mich aus dem Tiefschlaf. Ich drehte mich auf die Seite und schaute auf unseren Wecker, der 1 Uhr morgens anzeigte. Durch das dunkle Wohnzimmer hindurch ging ich zur Haustür. „Wer ist da?", fragte ich leise.

Eine Stimme flüsterte: „Kris, was machst du gerade?"

Ich erkannte die Stimme von Anthony: „Was denkst du wohl, was ich gerade mache? Ich schlafe!", sagte ich.

„Kann ich reinkommen?", bat er, „ich traf sie heute Nacht!"

„Von was in aller Welt redest du da, Anthony? Wen hast du getroffen?", fragte ich im Halbschlaf.

„Ich traf die Frau meiner Träume!", sagte er und seine Stimme wurde vor Aufregung immer lauter.

Noch schlaftrunken öffnete ich ihm die Tür und wir gingen in das Besucherzimmer, wo es eiskalt war. Fröstelnd setzte ich mich nieder. „O.k., sag' mir noch einmal – wovon sprichst du eigentlich?", fragte ich ihn und versuchte, meiner Stimme nicht anmerken zu lassen, dass ich sauer darüber war, dass er mich mitten in der Nacht aus dem warmen Bett geworfen hatte.

„Erinnerst du dich daran, dass du mir vor ein paar Monaten gesagt hast, dass ich eines Tages die richtige Frau treffen und mich in sie verlieben würde? Genau das ist passiert! Ich traf die Frau meiner Träume! Sie ist so wunderschön! Sie heißt Grace. Ich kann kaum erwarten bis du sie kennen lernst! Sie ist wundervoll!" Anthony vergaß fast das Atmen, als er mir alle Details über sie erzählte.

Ich fing gerade an, mich mit ihm zu freuen, als er fort-
fuhr: „Ihre Mutter ist drogenabhängig und ihr Vater verließ
die Familie, als sie noch sehr jung war. Seit Kurzem folgt
sie Jesus nach."

„*Huch!*", dachte ich. „ *Warum konnte er sich nicht in ein nettes Mädchen aus einer guten Familie verlieben?*" Ich versuchte,
meine Bedenken zu verbergen. „Wow! Das hört sich ja nach
einem super Mädel an! Ich freue mich darauf, sie zu sehen!"

Offensichtlich hatte er meiner Antwort nicht angemerkt,
dass ich nicht so ganz überzeugt war und rief begeistert:
„Ich werde sie morgen vorbeibringen!"

Am nächsten Tag schwebte Anthony umher wie ein
Träumender. Ich kann mich nicht erinnern, ihn jemals so
glücklich gesehen zu haben. An diesem Abend brachte er
Grace mit zu uns nach Hause. Sie war atemberaubend schön.
Sie hatte langes blondes Haar, das ihr hübsches Gesicht sanft
umgab, Augen, aus denen das Leben strahlte, ein Lächeln,
das den Raum erleuchtete und eine großartige Figur: groß
und schlank. Sie war warmherzig und freundlich und gab
uns das Gefühl, als ob wir uns schon lange kennen würden.
Sie bewegte sich wie eine junge Prinzessin. Kathy und ich
waren überwältigt von ihrer Freundlichkeit. Meine Bedenken und meine Vorbehalte gegenüber Grace schienen sich
in ihrer Gegenwart in Luft aufzulösen.

In den darauffolgenden Tagen verbrachte Grace immer
mehr Zeit mit unserer Familie. Sie war oft bei uns zu Hause.
Doch dann bekamen wir eines Nachmittags einen Anruf,
der unser Leben für immer veränderte. Eine weibliche
Stimme weinte unkontrollierbar am anderen Ende der Leitung. Nach ein paar Sekunden erkannte ich, dass es Grace

war. Sie fragte, ob sie kommen und sich mit Kathy und mir allein treffen könnte. Eine halbe Stunde später saßen wir zusammen auf dem Sofa in unserem Besucherzimmer. Wir nahmen Grace in den Arm, als sie uns tränenüberströmt ihre Geschichte erzählte.

„Ich kann Anthony nicht heiraten!", sagte sie.

„Warum?", fragte ich überrascht.

„Weil er noch nie mit jemand geschlafen hat. Er hat sich das bis zur Ehe aufbewahrt.", sagte sie und ließ voller Scham ihren Kopf hängen. „Ich hab' mit vielen Männern geschlafen. Seit ich ein kleines Mädchen war, sah ich meiner Mutter zu, wie sie auf dem Wohnzimmerboden mit verschiedenen Männern Sex hatte, um dafür Drogen zu bekommen. Als ich 12 Jahre alt war, kaufte mir meine Mutter Schnaps und schickte mich ins Schlafzimmer, damit ich das erste Mal mit einem jungen Mann Sex haben sollte." An diesem Punkt schluchzte Grace unkontrolliert los. „Vom nächsten Tag an nannte meine Mutter mich nur noch Fotze und Hure", fuhr sie fort.

Als Grace weiter von ihrem früheren Lebensstil erzählte, musste ich unwillkürlich an die Mädchen von der High School denken, die man als Schulnutten bezeichnete. Diese jungen Frauen kannten keine sexuellen Grenzen. Sie schliefen mit jedem, der sie begehrte und niemand hatte mehr Achtung vor ihnen.

Während ich auf der einen Seite von tiefem Mitleid für Grace bewegt war, ertappte ich mich andererseits dabei, die Panik zu unterdrücken, die in mir bei der Vorstellung

hochkam, dass Anthony die Beziehung mit dieser jungen Frau fortsetzen würde.

Mit 13 Jahren hatte Anthony mit Gott einen Bund geschlossen, dass er sich für die Frau seiner Träume aufbewahren würde. Er bestand darauf, einen Reinheitsring an seinem Ringfinger zu tragen, der ihn immer an diese Verpflichtung erinnern sollte und er hatte sogar einen Schwur geleistet, diesen Ring nicht vor seiner Hochzeitsnacht abzulegen. Er nahm dies so ernst, dass er sogar seinen Sporttrainer um Erlaubnis gebeten hatte, den Ring auch während des Sports tragen zu dürfen. Diese Verpflichtung zur Reinheit musste trotz allem schon durch eine krasse Feuerprobe gehen. Fast ein Jahr lang hatte Anthony einen intensiven Kampf gegen Pornographie gekämpft, den er schließlich gewann. Ich erinnerte mich an die vielen Male, die er mir von seinem Kampf gegen Scham und Schuld berichtete, als er gegen das Monster der Lust kämpfte. Gemeinsam feierten wir seine Siege und trauerten über seine Niederlagen. Antonys Kampf war für uns eine Familien-Angelegenheit. Kathy und ich hatten uns verpflichtet, wann immer er darin angefochten war, mit ihm zu kämpfen, ihn zu ermutigen nicht aufzugeben bis er zum Sieg durchgebrochen war.

Der Gedanke, dass Anthony sich in eine Frau verliebt hatte, die gerade dabei war, zu lernen was Reinheit ist, war ein wenig erschreckend für mich, nach allem, was er durchgekämpft hatte. Ich fragte mich, warum ihm das passierte, war diese Beziehung wirklich dass, was Gott für Anthony auf dem Herzen hatte? Oder sollte es ein weiterer Test sein, den er bestehen musste?

Grace weinte immer noch, und Kathy und ich fuhren fort, sie zu trösten und zu umarmen. Eine gewisse Hoffnungslosigkeit machte sich breit, als sowohl das Mitgefühl mit diesem Mädchen als auch die Sorge um meinen Sohn mich überwältigten.

Schließlich unterbrach ich die Stille: „Lass uns für Grace beten!" Wir senkten die Köpfe und begannen laut für Grace zu beten. Plötzlich kam ein Gedanke in meinen Kopf, eine Idee, die, so schien es, aus einem anderen Reich kam. Es erschreckte mich, aber gleichzeitig ergriff mich auch ein Hoffnungsschimmer. Ich hörte auf zu beten und nahm Graces Gesicht in meine Hände. Ich sagte: „Grace, ich werde dafür beten, dass deine Jungfräulichkeit wieder hergestellt wird!"

Sie war sehr erstaunt und ihre Augen starrten mich voller Unglauben an.

Ich wiederholte diese Proklamation, aber dieses Mal mit mehr Überzeugung: „Grace, wir werden jetzt für dich beten und Gott wird deine Jungfräulichkeit wieder herstellen!"

„O.k.", sagte sie. Mit der ganzen Zuversicht, die ich aufbringen konnte, betete ich.

„Gott vergibt dir, Grace, weil du deine Sünde bekannt hast und jetzt - im Namen Jesu - wird er deine Jungfräulichkeit und Reinheit wieder herstellen!"

Wir hörten an diesem Tag keine Engel singen und niemand schrieb übernatürlich: „Dir ist vergeben!" an die Wand. Da war auch keine Vision von Jesus, der für sie am Kreuz hing. Aber ein erstaunlicher Friede füllte uns alle als

wir aufstanden und uns gegenseitig in die Arme nahmen. Wir wussten, dass sich etwas verändert hatte.

„Jetzt hast du etwas, wofür du kämpfen kannst!", ermutigte ich sie. „Ja!", antwortete sie mit einem Augenzwinkern und einem Lächeln auf ihrem Gesicht.

Als Grace schließlich unser Haus verließ seufzten Kathy und ich erleichtert auf. Wir wussten, Gott hatte ein Wunder an Grace getan. Mehr als ein Jahr sollte noch vergehen, bevor das tatsächliche Ausmaß dieses Gebets zum Vorschein kommen würde.

Kurz danach verlobten sich Anthony und Grace. Ihre Dates brachten ihre eigenen Herausforderungen mit sich. Es ist ja auch ziemlich normal, dass man mit dem, den man liebt und mit dem man bis zum Ende seines Lebens zusammen sein will, auch Sex haben will. Wie auch immer waren sie beide der Überzeugung, dass für Gläubige Sex der Höhepunkt einer Beziehung ist, der erst im geschützten Rahmen eines Bundes, den man vor Gott und den Menschen gemacht hat, seinen Platz haben sollte. Schon früh entwickelten sie einen Plan, rein zu bleiben und fragten Kathy und mich, ob wir bereit wären, ihnen bei der Einhaltung zu helfen. Sie verpflichteten sich zur Rechenschaft uns gegenüber. Wir sagten ihnen, dass wir dazu bereit wären, aber unter der Bedingung, dass sie härter um ihre Jungfräulichkeit kämpften als wir es tun würden. Sie stimmten zu und wir machten einen Plan. Wir vereinbarten ein Code-Wort, welches wir benützen würden, so dass wir nachfragen konnten, ohne sie in Verlegenheit zu bringen. Wenn Kathy oder ich sie fragen würden: "Wie geht es euch beiden zusammen?", dann wussten sie, dass wir eigentlich meinten:

„Wie haltet ihre euren Sex-Trieb unter Kontrolle?" Wenn sie antworteten: „Super!", dann wussten wir, sie hatten die Sache im Griff. Aber wenn sie sagten: „O.k.", dann bedeutete das, dass sie unseren Rat und unsere Hilfe brauchten.

Für eine Weile ging alles gut. Sie gaben sich alle Mühe, sich an den Plan zu halten, und wir sahen, dass besonders Grace dieses neue Gefühl, rein und sauber zu sein, liebte. Eines Nachts passierte es dann. Um Mitternacht klopfte es an unserer Haustür. Ich öffnete und sah Anthony im Dunkeln stehen.

„Was ist los, Anthony?"

Er fiel in meine Arme und es war offensichtlich, dass er schon seit einiger Zeit weinte, weil er tränenüberströmt war. Er weinte hemmungslos als ich versuchte, ihn zu trösten.

„Was ist denn los? Was stimmt nicht?", drängte ich ihn.

„Ich habe Grace berührt! Ich habe ihre Brust angefasst und jetzt fühl' ich mich so miserabel deswegen."

Ich schaute ihm in die Augen, um zu sehen, ob er die Bedeutung dessen verstand, was er mir gerade bekannt hatte. „Anthony, du hast die Tochter des Königs berührt! Gott hat dir seine Tochter anvertraut und du hast sie nicht wertgeschätzt. Ich bin so enttäuscht."

„Ich weiß! Und ich fühle mich so schrecklich, weil ich versagt habe!", sagte er

„Nun, was wirst du jetzt tun, um den Schaden wieder gutzumachen?!", fragte ich und betonte damit die Tatsache, dass es seine Verantwortung war, Grace und sich selbst zu bewahren.

„Ich bin mir noch nicht sicher, aber ich vermute, dass unser Plan, rein zu bleiben, nicht funktioniert.", antwortete er.

„Denkst du?"

Am nächsten Morgen kamen Anthony und Grace zu uns und wir gingen eine ganze Weile mit ihnen spazieren. Sie vergaben einander und entwickelten einen neuen, mehr Erfolg versprechenden Plan. Und dieses Mal funktionierte der Plan ohne Zwischenfälle.

Ein Jahr später heirateten die beiden und gingen rein in ihre Ehe.

Anthony hatte in der Zwischenzeit seinen Reinheitsring mehrere Jahre lang getragen und ein paar Tage vor der Hochzeit zerbrach er und fiel herunter. Sie sahen darin ein machtvolles Zeichen dafür, dass sie diesen Kampf siegreich beendet hatten.

Ihre Hochzeitsfeier war wunderschön, und als es vorbei war verschwanden Braut und Bräutigam in einer Limousine und machten sich auf den Weg zu ihrer Hochzeitsreise. Wir waren so glücklich und freuten uns sehr für sie. Dann, ein paar Tage später, klingelte unser Telefon.

„Hallo!"

„Hi Kris!", sagte die Stimme am anderen Ende.

„Grace, bist du das?", frage ich nervös.

„Ja, ich bin es."

„Warum um alles in der Welt rufst du mich aus den Flitterwochen an? Geht es euch gut? Ist alles in Ordnung bei euch?"

„Es geht uns hervorragend! Ich wollte dich nur anrufen, um dir etwas zu sagen. Erinnerst du dich daran, als du und Kathy für mich gebetet habt? Du hast Gott darum gebeten, mir einen neuen Start zu ermöglichen und meine Jungfräulichkeit wiederherzustellen."

„Natürlich! Das werde ich nie vergessen!", erwiderte ich.

„Nun, Gott hat mein Jungfernhäutchen wiederhergestellt.", sagte sie voller Begeisterung.

Das war ein Zeichen, das unsere ganze Familie in Staunen versetzte. Wir waren voller Begeisterung. Wir hatten bereits gesehen, wie die Kraft der Erlösung an der Beziehung zwischen Anthony und Grace gewirkt hatte und wir glaubten, dass Gott nun auch ihr Zusammenkommen ehrte, weil sie Ihn mit ihrem Leben ehrten. Ihre Flitterwochen veränderten unser Leben genauso wie ihres, weil wir alle zusammen herausfanden, wie sehr sich Gott um unsere Reinheit sorgt und wie mächtig er ist, sie wiederherzustellen, wenn wir sie verloren haben.

Den Schaden bereinigen

Die Geschichte, die du gerade gehört hast, ist wahr, nur die Namen sind geändert. Wir wollten diese Geschichte erzählen, damit Menschen Hoffnung bekommen, deren Leben zerbrochen ist, und die ein Wunder brauchen. Wir haben uns aber entschieden nicht alle Einzelheiten von Grace' sexuellen Erfahrungen mit Männern zu erzählen. Wir alle kennen Menschen wie sie und es braucht nicht viel Fantasie, um sich den Rest auszumalen.

Dieses Wunder der Wiederherstellung haben wir Gott bereits im Leben vieler Frauen wirken sehen und wir wissen, dass er das Gleiche auch für dich tun wird. Du kannst niemals so tief fallen, dass du nicht wiederhergestellt werden kannst. Ob du jetzt ein Leben wie Grace gelebt hast, oder du nur darin versagt hast, deinen eigenen Ansprüchen gerecht zu werden, du musst es lernen, wie du deinen Schaden bereinigst und dich wieder zurück auf den richtigen, den „heiligen" Weg bringst.

Ich habe schon früher darüber gesprochen, dass du neues Leben erhältst, indem du Buße tust und Jesus um Vergebung bittest. Was du über Vergebung wissen musst, ist, dass dadurch dein Leben so wiederhergestellt wird, als hättest du nie gesündigt.

Vergebung stellt den Standard wieder her

Ich habe diese Lektion vor Jahren gelernt, als meine Kinder Teenager waren. Ich war vor ihnen ärgerlich auf Kathy, und behandelte sie respektlos. Ein Stunde später entschuldigte ich mich und sie vergab mir. Aber als ich an diesem Abend zu Bett ging, wurde mir plötzlich klar, dass ich Kathy vor meinen Teenagerkindern respektlos behandelt hatte. Also musste ich mich auch bei ihnen dafür entschuldigen, dass ich als Ehemann ein schlechtes Beispiel war. Täte ich es nicht, würden sie in dem Glauben aufwachsen, mein Verhalten sei okay. Am nächsten Tag versammelte ich die Kinder im Wohnzimmer, und bat Kathy und jedes meiner Kinder um Vergebung.

„Okay, Papa.", sagte jeder von ihnen, ein bisschen verärgert darüber, dass ich daraus eine solch große Sache machte. „Wir vergeben dir. Können wir jetzt gehen?", drängten sie.

„Ihr könnt gehen", erwiderte ich. Ich war genauso froh, dass wir dies geklärt hatten wie sie.

Ungefähr eine Woche später kam einer meiner Jungs in die Küche und begann, gegenüber Kathy sarkastisch zu sein. Ich ging in die Küche und sagte: „Du hast nicht die Erlaubnis so mit meiner Frau zu sprechen."

„Du warst letztens auch grob zu Mama!" antwortete er.

„Ja," fuhr ich fort, „aber ihr habt mir vergeben. Vergebung stellt den Standard wieder her. Als ihr mir vergeben habt, habt ihr euer Recht aufgegeben, auf die gleiche Weise zu handeln, weil eure Vergebung mich wieder an den Ort der Ehre gebracht hat. Ich habe es bereut. Reue bedeutet, wieder auf dem Gipfel zu sein, dem hohen Ort."

„Es tut mir leid, Mama. Ich hätte mit dir nicht so reden sollen." sagte er demütig.

„Ich vergebe dir, mein Sohn", sagte sie und umarmte ihn.

Wenn wir dieses Prinzip nicht verstehen, dann wird unser tiefster Punkt, unser schlimmster Fehler oder die dümmste Sache, die wir je in unserem Leben getan haben zu unsere Hochwasser-Marke. Wenn wir zum Beispiel als Teenager unmoralisch waren, und wir später selbst Teenager haben, werden wir nicht das Selbstvertrauen haben, sie wegen ihrer schlechten sexuellen Entscheidungen zu korrigieren, da wir selbst auch versagt haben. Versagen, über

das wir Buße getan haben, ist nicht länger der Standard, dem wir uns beugen müssen. Wenn wir Gott und auch diejenigen, die uns verletzt haben, gebeten haben uns zu vergeben, werden wir zurückversetzt an den hohen Ort, den Gott für uns bestimmt hat. Die Wahrheit ist, dass Vergebung den Standard der Heiligkeit in uns und durch uns wiederherstellt.

Wenn du Buße tust, hast du die Erlaubnis, bis an dein Lebensende glücklich und zufrieden zu leben! Das ist Gottes Geschenk an dich. Es ist Barmherzigkeit und Gnade. Barmherzigkeit bedeutet, dass du nicht die Bestrafung empfängst, die du verdienst, aber Gnade bedeutet, dass du die Segnungen empfängst, die du nicht verdient hast. Als Jesus am Kreuz starb, bezahlte Er für all dies. Jesus starb nicht einfach *für* dich. Er starb *wie* du. Du kannst so leben, als hättest du nie versagt.

Ich lehrte dieses Prinzip bei „Jugend mit einer Mission" vor einigen Jahren, als plötzlich eine junge, schöne Frau aufstand und rief: „Das stimmt nicht!" Dann stand sie einfach da und weinte laut.

„Was meinst du damit?", fragte ich.

„Ich habe eine Geschlechtskrankheit, weil ich mit vielen Männern geschlafen habe, bevor ich begonnen habe, Jesus nachzufolgen.", sagte sie unter Tränen. „Wie kann ich jetzt einfach glücklich weiterleben? Wer will mich jetzt noch?"

„Wenn du um Vergebung gebeten hast, hast du das Recht erworben, von all deinen Krankheiten geheilt zu werden.", sagte ich zuversichtlich.

„Ich verdiene es nicht, geheilt zu werden, weil ich wusste, dass mein Lebensstil falsch war, als ich unmoralisch lebte, es aber dennoch tat.", sagte sie in einem harten Tonfall.

„Jesus ist nicht für deine Fehler gestorben, Er starb für deine Sünden.", argumentierte ich.„Sünde bedeutet immer, dass du *es absichtlich getan* hast. Du kannst nicht zufällig sündigen, da Sünde immer eine Herzenssache ist. Zufälle sind keine Herzensangelegenheiten, weil du nicht mit Absicht etwas zufällig tun kannst. Daher müssen Zufälle nicht von Gott vergeben werden, sondern nur Dinge, die du *absichtlich* getan hast, benötigen Gottes Vergebung. Außerdem sagte der Prophet Jesaja, dass Jesus wegen unserer Sünden gekreuzigt wurde, aber dass er für unsere Heilung geschlagen wurde (Jes 53,5). Also bezahlte Jesus den Preis für unsere Vergebung und Heilung. Warum nicht all das bekommen, wofür Er bezahlt hat?" argumentierte ich. „Und, übrigens, niemand von uns verdient irgendetwas von Gott. Aber wir bekommen nicht das, was wir verdient haben. Wir bekommen, was *Er* verdient."

Nach dieser Debatte ließ sie schließlich zu, dass Gott sie heilte! Er ist einfach fantastisch!

Verdammung und Überführung

Wenn wir unser Leben vermasseln, ist es normal und gesund, dass wir uns wegen unserer Taten schlecht fühlen, bis wir Buße tun und um Vergebung bitten. Es gibt zwei verschiedene Gründe, warum wir wegen unserer Sünde Gewissensbisse haben; der eine Grund ist gesund und der andere zerstörerisch. Die Gewissensbisse, die zerstörerisch sind, nennt man *Verdammung*. Verdammung setzt

deine schlechten Taten mit deiner Person gleich. Verdammung sagt: „Du hast gelogen, also bist du ein Lügner. Du hast mit jemandem geschlafen, also bist du eine Hure. Du warst betrunken, also bist du ein Alkoholiker." Das Ziel der Verdammung ist, dich davon zu überzeugen, dass deine schlechten Taten aus deiner Natur kommen. Verdammung kommt von Satan und seinen Spießgesellen. Man nennt ihn auch den Verkläger unserer Brüder (siehe Offb 12,10). Wenn er dich einmal davon überzeugt hat, dass deine Identität dein Verhalten ist, dann braucht er sich nicht weiter mit dir beschäftigen, weil du immer aus dem heraus handelst, wer du zu sein *denkst*. Es ist wichtig zu verstehen, dass du ein menschliches Wesen bist, *bevor* du ein Mensch bist, der Dinge tut! Wenn du glaubst, du bist ein Alkoholiker, dann brauchst du natürlich ein 12-Schritte-Programm zur Disziplinierung, und eine Gesprächsgruppe von Leuten, die dich für dein Verhalten zur Rechenschaft ziehen, damit du nicht aus deiner vermeintlichen Identität heraus handelst.

Im Gegensatz dazu gibt es ein gesundes Gefühl der Reue namens *Überführung*. Überführung kommt von Gott. Der Unterschied zwischen Verdammung und Überführung ist, dass Verdammung sagt: „Du hast gesündigt; deshalb musst du ein Sünder sein." Aber Überführung sagt: „Du bist einfach zu fantastisch, um so zu handeln." Überführung trennt deine schlechten Taten von deiner Persönlichkeit und erinnert dich daran, dass du besser bist, als dein Verhalten. Du erkennst ganz einfach, unter welchem der beiden du stehst: *Verdammung* führt dich dazu, dass du dich schlecht fühlst, etwas Falsches getan zu haben, aber es gibt dir auch das Gefühl völlig kraftlos zu sein, daran etwas zu ändern. *Überführung* gibt dir Gnade, dich zu verändern und füllt dich mit Hoffnung, dass Dinge sich ändern werden, sobald du Buße tust.

Lass die Finger weg von Verdammung. Sie wird dein Leben zerstören. Verdammung hat seine Wurzeln in Schuld, Scham und Bestrafung. Gott arbeitet nicht mit Schuldgefühl, Scham und Bestrafung. Jesus ist für unsere Sünden gestorben, damit Er uns von der Macht des Teufels befreit, welche sich in Schuld, Scham, Bestrafung, Depression, Müdigkeit, Krankheit, Tod und so weiter manifestiert.

Es gibt nichts, das du jemals tun könntest, das dich von Gottes Liebe und Vergebung fernhalten könnte. Es gibt kein Leben, das so dunkel, keine noch so schockierende Sünde, keine noch so falsche Haltung, kein noch so pervertierter Sex, keine noch so schreckliche Beziehung, keine Grube so tief, keine noch so fürchterliche Krankheit, was nicht durch Gott erlöst werden könnte. Er ist Experte, wenn es um das Unmögliche geht! *Es ist Zeit, dass du wieder anfängst zu träumen!*

Kris Vallotton ist Autor zahlreicher Bücher, Co-Autor des Bestsellers *Supernatural Ways of Royalty* und ist ein sehr bekannter internationaler Konferenzsprecher. Kris ist der Gründer und Präsident von Moral Revolution Inc., Senior Co-Pastor der Bethel Church und Mitbegründer der *Bethel School of Supernatural Ministry*, mit Sitz in Redding, Kaliforien. Er und seine Frau Kathy sind seit 35 Jahren glücklich verheiratet. Sie haben vier erwachsene Kinder und acht Enkelkinder.

Jason Vallotton ist einer der Mitbegründer von Moral Revolution. Er ist ein einer der Hauptleiter der *Bethel School of Supernatural Ministry* mit über 1200 Vollzeitstudenten. Er hat eine Leidenschaft für die Wiederherstellung sexueller Reinheit und ist ein gefragter Redner, wenn es um moralische Themen geht. Er ist ein wunderbarer Vater von drei Kindern, Elijah, Rilie und Evan.

ELIANE SCHELB

♕ *Kinder* HÖREN GOTT ♕

Gott hat Kinder dazu aus-
erwählt, ihn zu hören. Er
sehnt sich danach, ihnen
seine bedingungslose Liebe
durch sein Reden zu offen-
baren. Sie brauchen jedoch
die Unterstützung der Er-
wachsenen, um seine Stim-
me zu erkennen und zu verstehen. Wenn die Kinder
einmal die Stimme Gottes
kennen, wird die Beziehung
zu ihm real, persönlich und
erfahrbar. Doch wie spricht
Gott zu Kindern?
Dieses Buch gibt Eltern,
Großeltern, Leitern in der
Kinderarbeit und anderen
Interessierten biblisch fun-
dierte Wahrheiten über Gottes Reden, viele praktische Übungen und Beispiele, um die Kinder darin zu unterstützen, Gottes
Stimme zu hören.
Lassen Sie sich zusammen mit den Kindern auf dieses wunderbare Abenteuer ein, sein Reden besser kennenzulernen, und erfahren Sie auf eine neue und erfrischende Art und Weise, wie
Gott die Kinder durch sein Reden liebevoll zu sich zieht.

Best-Nr. 3598503
ISBN: 9783947454037
Seiten: 184
Einband: Paperback
€ 12,95 / CHF 19,40

Grain-Press Verlag GmbH
Marienburger Str. 3
71665 Vaihingen/Enz
www.grain-press.de

ANDREAS SCHRÖTER

Gott ist schon auf dem Weg zu den Menschen, die du erreichen willst.

Vielleicht möchtest du die evangelistischen Aktivitäten in deiner Gemeinde oder deinem Hauskreis neu starten oder in Schwung bringen? Dann könnte dir dieses Buch wichtige Impulse geben, bzw. als Handbuch dienen. Hier wird Evangelisation in einen missionalen Lebensstil eingebunden, den jeder leben und erlernen kann.

Das Ganze ist so aufbreitet, dass man es auch sehr gut in einem Hauskreis oder in einer Kleingruppe durcharbeiten kann. Dann ist der Nutzen noch größer, da man sich darüber austauschen und gegenseitig inspirieren und ermutigen kann. Es ist kein theoretisches Konzept, sondern ist aus dem missionarischen Alltag entstanden und somit praxiserprobt. Die Erfahrung zeigt, dass dadurch Menschen zu Jesus finden und sich auf ihn einlassen wollen - häufig auch Menschen, die normalerweise in keine Gemeinde oder Gottesdienst gehen würden. So ist Gemeindewachstum eine ganz natürliche Folge.

SPARK
NETWORK

Andreas Schröter
IM WINDSCHATTEN
VON JESUS:
EINE EINFACHE
ANLEITUNG FÜR EINEN
MISSIONALEN
ALLTAG.

208 Seiten, Paperback
135 x 205 mm
ISBN 9783944794907
Best. Nr. 3598490
€ 12,95/CHF 19,40

KRISTIAN RESCHKE

LEBEN ALS VERBINDER
Wie Gottes große Geschichte durch dich sichtbar wird

Die Geschichte der Menschheit erzählt von der Suche nach Verbundenheit. Kein Mensch möchte ernstlich allein sein! Vatergott übrigens auch nicht. Er wünscht sich Beziehung und sendet Jesus als Verbinder. Jesus öffnet unsere Augen für den Vater und überträgt uns seinen Verbindungsauftrag. Lassen wir uns darauf ein, werden wir Teil der selbsterwählten Mission Gottes und Agenten seiner Sehnsucht.
Klingt das zu groß? Keine Angst – Verbindung zu stiften ist einfacher, als wir denken!

Kristian Reschke hat dazu ein außergewöhnliches Buch geschrieben. Mitreißend mischt er tiefe geistliche Einsichten mit biblischen Darstellungen, eigenen Lebensberichten und Erzählungen. Vertiefende Coachingfragen ermöglichen es, auch als Gruppe mit dem Buch zu arbeiten.

280 Seiten, Paperback
190 x 246 mm
ISBN 9783947454136
Best. Nr. 3598513
14,95 € /CHF 22,40